KU-229-208

Advanced Conversational French

Advanced Conversational French

J. C. Whitehouse
University of Bradford

and

F. Wetherill
Trinity and All Saints' Colleges,
Horsforth

Oliver and Boyd

SBN 05 001586 9

OLIVER & BOYD LTD
Tweeddale Court, Edinburgh 1
39A Welbeck Street, London, W.1

First published 1968
© 1968 J. C. Whitehouse and F. Wetherill

Printed in Great Britain by
ROBERT CUNNINGHAM AND SONS LTD, Alva

Contents

Introduction

This course is intended for advanced students of French, and should prove particularly useful with good sixth forms, in Colleges of Education, in Technical Colleges, in institutions where the new CNAA degree courses are being offered, and in University language departments, particularly where emphasis is laid on the practical command of language.

It is not a systematic course of French grammar and syntax, but a means of hearing and practising spoken French, of learning vocabulary and useful idiomatic expressions, and of strengthening the habit of thinking and responding in French. No word of English will be heard by the student while listening to the conversations and exercises, and we hope in this way to help to superimpose French speech habits on his existing English ones. Constant practice is the only way of achieving oral comprehension and fluency, and we hope that this course will provide one amongst several means useful for this end.

The conversations, which are given both normally and in an "exploded" version for reproduction by the student, and which become progressively more difficult, form the most important part of the course. The exercises are largely a way of reinforcing what the student learns while hearing them and of helping him to absorb them. We make no apologies for this. Language learning—as distinct from learning about language—is a skill which develops largely by imitation, repetition, and the adaptation of the knowledge which has been acquired. Thus, the presentation of such grammatical or syntactical information as has seemed useful in individual lessons has been done by example rather than by explanation. The latter is a separate problem, best treated outside the language laboratory or "oral classroom".

In accordance with our policy of exposing the student to as much French as possible, we have deliberately not included a French-English glossary or translations of the conversations, but have offered in French after each conversation an explanation of words and phrases which seemed to us to present some difficulty. The student should, we feel, be encouraged to look up unfamiliar words or phrases not treated in the "explications" in a good French-French dictionary, such as the *Petit Larousse* or the Quillet-Flammarion *Dictionnaire Usuel*. He must understand *the French*, not a translation of it.

The course may be used in a number of ways. It is suitable for use in monitored classes in the language laboratory with, perhaps—in the case of sixth-form students at least—a certain amount of oral preparation, preferably in French, taking place in the classroom beforehand, or as "library" or self-tuition material. In the latter case the student would be assigned his tape, or select it, and work individually in the laboratory without supervision.

In an institution which has no language laboratory, the material can be used quite simply and effectively in the normal classroom, with the class listening to the material played on a tape-recorder, using extra loudspeakers if desired. In such cases the class can listen to the conversations and participate either singly or as a group. The exercises can be attempted by individuals, with the instructor designating the student who is to answer. The tape will, of course, give the correct answer which the student then repeats.

Again, the conversations are suitable for use as exercises in oral comprehension, with the students listening to them and then giving a brief résumé of them in French, or answering

8

questions put by the instructor. The experienced teacher will no doubt think of many other profitable ways of exploiting the material. The material should be sufficient for the whole of one academic year. We have tried to make it lively and interesting, and to relate it as much as possible to contemporary French life. The language is, we hope, colloquial and idiomatic without being excessively demotic.

Our thanks are due to a number of people, and not least to the publishers for their unfailing, if sometimes tried, patience. We should also like to thank all those—colleagues, the publishers' readers, HMIs and friends—who have offered comment and encouragement, and students who have used the material and explained, often with perception and patience, their reactions to it.

J.C.W.
F.W.

1968

Tapes

A set of 25 tapes is available for use with this book—one tape for each of the lessons in Part 1 and two per lesson in Part 2. These are single-track recordings on 5″ reels at 3¾ i.p.s.

These tape sets are available direct from the publishers only.

Part 1

1

Inscription dans une faculté

I Conversation

Deux étudiants

E 1 Voilà, j'ai tous mes papiers. Je suis en règle maintenant. Ça n'a pas été sans peine.

E 2 Tu es sûr qu'il ne te manque rien?

E 1 Je ne crois pas. Je suis allé au secrétariat de la faculté des Lettres avec une copie de mes diplômes—premier et deuxième bacs—et on m'a donné un petit papier rose avec une somme marquée dessus. Je suis allé avec ce papier à la trésorerie*—autre queue pendant près de deux heures—et quand on m'a permis de donner mon argent, on m'a remis un petit papier certifiant que j'avais payé mes droits d'inscription. Muni de ce papier je suis retourné à la faculté des Lettres. J'ai pu signer mon nom sur un registre. Alors seulement on m'a donné un numéro et ma carte d'étudiant.

E 2 Mais je sais ce que tu n'as pas fait…

E 1 Quoi encore?

E 2 Tu n'as pas pris ta carte d'A.G.E.*

E 1 Non, et tant que je ne l'ai pas je ne peux pas acheter de tickets de repas pour manger au restaurant universitaire.

E 2 Tu as une photo?

E 1 Non, il ne m'en reste plus. Il en faut une?

E 2 Bien sûr. Sinon tout le monde pourrait resquiller.*

E 1 Oh, il y en a beaucoup qui entrent en fraude…

E 2 Je sais, mais on dit que cette année le contrôle sera plus sévère … et de toutes les manières sans carte d'A.G.E. tu ne peux pas acheter de cours polycopiés.

E 1 Allons nous en occuper maintenant alors … et on en aura fini jusqu'à la fin de l'année.

E 2 Que tu crois! Ce serait trop beau. Il faut recommencer avant l'examen … retourner au secrétariat, montrer le papier que le docteur vous donne après la visite médicale … on va payer ses droits d'examen à la trésorerie, et quand on a son reçu on peut être inscrit et se présenter à l'examen.

E 1 Et échouer … comme ça, il faut recommencer les formalités en septembre!

E 2 C'est gai!

E 1 On a quand même cinquante pour cent de chances d'être reçu. Ne désespère pas, tu seras peut-être dans la bonne moitié.

E 2 Oui … c'est un peu tôt pour parler d'examens, tu ne trouves pas?

E 1 Tant qu'on y est, si on allait aussi à la bibliothèque?

E 2 Je n'aime pas du tout ces bibliothèques sans livres.

E 1 Moi non plus. Ça fait perdre un temps fou. On ne peut pas feuilleter un livre avant de l'emprunter pour être sûr que c'est celui qui vous intéresse.

E 2 Encore une fois il faut remplir son petit papier, le porter à la bibliothécaire, attendre que le livre arrive et qu'elle appelle votre nom.

E 1 Et puis on s'aperçoit que ce n'est pas ce qu'on veut… Je passerai aussi voir l'appariteur.* Il a quelquefois des livres de cours d'occasion à vendre … on m'a accordé une bourse, ou plutôt une fraction de bourse, mais c'est assez maigre.

E 2 J'ai de la chance. J'ai une bourse de mérite parce que j'ai été reçu aux deux bacs avec la mention B.

E 1 Tu n'as pas eu tous ces formulaires à remplir alors, ni a
envoyer la déclaration des impôts de tes parents?

E 2 Ah si... Mais si nous ne nous dépêchons pas, nous
n'arriverons jamais avant midi.

II Explications

trésorerie: bureau où on paye ses droits d'inscription.

A.G.E.: l'Association Générale des Etudiants, qui existe dans
chaque Université. L'A.G.E.F. est l'association des
étudiants de France, et groupe toutes les A.G.E. de
France.

resquiller: se procurer un avantage auquel on n'a pas droit.

appariteur: ici, employé chargé du service dans la faculté.

III Conversation. Version espacée
   (*sur la bande seulement*)

IV Exercices de vocabulaire

(a) Répondez en employant le vocabulaire des « explications ».

Exemple   Comment s'appelle le bureau où on paye ses
droits d'inscription?
C'est la trésorerie.

Qu'est-ce que c'est que l'A.G.E.?

Quel verbe familier signifie « se procurer un avantage auquel
on n'a pas droit »?

Comment s'appelle l'employé chargé du service dans une
faculté?

(b) Exprimez ces phrases d'une autre façon en employant le vocabulaire et les expressions de la conversation:

Exemple   Ça n'a pas été trop facile.
                Ça n'a pas été sans peine.

Tu es sûr que tu as tout ce qu'il te faut?

Je n'en ai plus.

Il y en a beaucoup qui entrent en fraude.

Ça fait perdre beaucoup de temps.

V Exercices de substitution

Faites les substitutions:

Tant que je n'ai pas ma carte d'A.G.E. je ne peux pas *acheter de tickets de repas*.

acheter de cours polycopiés
acheter de billets de théâtre à tarif réduit
profiter de tous les avantages qu'on accorde aux étudiants

2

La banque

I Conversation

Etudiant étranger et un Français qu'il connaît

E C'est votre banque?

F Oui, c'est le Crédit Lyonnais. J'y ai un compte courant* et un compte d'épargne* qui est le plus souvent vide.

E Qu'est-ce que je dois faire pour y déposer mon argent?

F Vous allez avoir une demande à remplir, puis on vous enverra un numéro qui sera le numéro de votre compte.

E On me donnera un carnet de chèques?

F Oui, avec ce même numéro imprimé sur chaque chèque.

E Est-ce que je peux demander que mon traitement soit versé directement à la banque?

F Oui, cela sera fait automatiquement par votre école dès que vous aurez donné le nom de votre banque et le numéro de votre compte.

E Il me reste quelques chèques de voyage. Est-ce que je pourrai les changer?

F Vous avez de la chance. Le taux de change de la livre est très avantageux en ce moment.

E Tant mieux. Et dans quelques mois j'aurai fait tant d'économies que je pourrai demander à ma banque de placer mon argent à intérêt!

F Bien sûr! Il y a de bons placements à 8 ou 9%, ou vous pouvez même acheter des parts de production ou souscrire à l'emprunt national. Mais n'y comptez pas trop. Il est plus probable qu'à la fin de chaque mois vous ayez à signer des chèques sans provision—j'espère que le directeur de cette banque est compréhensif!

E S'il me reste un peu d'argent quand même à la fin de mon séjour est-ce que je peux demander qu'on me le fasse virer dans une banque en Angleterre?

F Oui, je crois que c'est possible maintenant de faire faire un virement bancaire en Angleterre.

E Donnez votre chèque, c'est votre tour je crois.

F Oui. Il nous faudra maintenant aller faire la queue à la caisse avec mon petit papier.

E Pourquoi cela?

F Par mesure de sécurité. Il n'y a que le caissier qui ait de l'argent sous la main, dans le coffre-fort derrière lui.

II Explications

compte courant: compte où on dépose l'argent destiné à être dépensé tout de suite.

compte d'épargne: compte où on dépose ses économies destinées en principe à ne pas être dépensées tout de suite.

III Conversation. Version espacée
(*sur la bande seulement*)

IV Exercices de vocabulaire

Répondez aux questions suivantes en vous servant d'un mot tiré des « explications ».

Comment s'appelle le compte où on dépose l'argent destiné à être dépensé tout de suite?

Et celui où on dépose ses économies, destinées en principe à ne pas être dépensées tout de suite?

V Exercices de substitution

Faites les substitutions:

Est-ce que je peux demander que *mon traitement soit versé directement à la banque*?

cela se fasse automatiquement
on me le fasse virer dans une banque en Angleterre
mon argent soit placé par la banque

Il est plus probable qu'à la fin du mois *vous ayez à signer des chèques sans provision.*

vous décidiez d'ouvrir un compte d'épargne
il vous reste un peu d'argent
le directeur soit plus compréhensif

Il me reste *quelques chèques de voyage.*

un peu d'argent dans mon compte courant
quelques francs de mon traitement
une demande à remplir
quelques livres anglaises
la plus grande partie de mes économies

VI Exercices d'adaptation

(a) Combinez les phrases suivantes en utilisant « dès que »:

Exemple J'aurai un compte d'épargne. J'ai rempli la demande.

J'aurai un compte d'épargne dès que j'aurai rempli la demande.

Cela sera fait automatiquement par votre école. Vous avez donné le nom de votre banque et le numéro de votre compte.

On vous les changera. Vous avez fait voir votre passeport. Je demanderai à la banque de placer mon argent. J'ai fait des économies.

(b) Adaptez la phrase suivante en utilisant les différentes personnes du verbe:

S'il me reste un peu d'argent à la fin de mon séjour est-ce que je peux demander qu'on me le fasse virer dans ma banque en Angleterre?

Exemple   toi: S'il te reste un peu d'argent à la fin de ton séjour est-ce que tu peux demander qu'on te le fasse virer dans ta banque en Angleterre?

lui
nous
vous
eux

3

La presse

I Conversation

Etudiant étranger et un Français qu'il connaît

E C'est la première fois que je vous vois lire un journal du soir.

F Je n'en achète jamais d'habitude, mais aujourd'hui j'en ai acheté un parce qu'il y a une affaire judiciaire qui m'intrigue.

E Et en avez-vous appris grand'chose?

F Non. J'aurais dû m'en douter*. Les affaires les plus banales sont montées en épingle*.

E Et on n'en fait ressortir que le côté scandaleux.

F Voilà.

E Oui, cette catégorie de journaux est bien connue en Angleterre.

F Je sais, et ils ont un grand succès, paraît-il, un énorme tirage*.

E Oui. Celui qui a la plus grande popularité tire à je ne sais combien de millions d'exemplaires. Mais le pire de cette catégorie est un journal du dimanche.

F Ah! Ça c'est une institution qui n'existe pas encore en France.

E Quoi?

F Il n'existe qu'un journal du dimanche à ma connaissance. C'est *France-Dimanche*, l'équivalent dominical de *France-Soir*.

E Je dois dire que ça me manque beaucoup, les bons journaux du dimanche.

F Nous avons aussi de bons hebdomadaires* en France, seulement ils paraissent dans la semaine.

E Je lis religieusement *L'Express* et *Le Nouvel Observateur* chaque semaine.

F Je suis abonné au *Nouvel Observateur* et j'achète *Le Monde* chaque jour.

E Chez ma logeuse le fils de la maison lit *L'Equipe* tous les jours.

F Oui, c'est le seul journal sportif qui paraisse tous les jours. Je me demande ce qu'ils trouvent à y mettre!

E Et les parents reçoivent *Le Figaro*.

F Ce sont des gens de droite. Ne vous laissez pas corrompre!

E Ça ne risque pas. Beaucoup de mes élèves sont communistes. Certains crient *L'Humanité* après les cours, et d'autres un journal qui s'appelle *La Croix*.

F Oui, il y a deux grands journaux catholiques en France— *La Croix* et *Témoignage Chrétien*. *Témoignage Chrétien* est un bon journal sérieux et très libéral.

E En Angleterre, ce qui me crispe* le plus, c'est la presse féminine, qui est vraiment épouvantable.

F Oh, ma femme est abonnée à *Elle* et je lis « Tintin » en cachette et le courrier du cœur. C'est la tradition, paraît-il, dans tous les ménages français. Certains journaux féminins comme *Marie-Claire* ou *Marie-France* ne paraissent que tous les quinze jours ou tous les mois.

E Les numéros de Noël sont quelquefois intéressants, ils ont de belles reproductions…

F Oui, et tant que ma femme ne tombe pas dans les bandes dessinées* et la presse sentimentale comme *Nous Deux*, *Confidences* ou *Intimité* je ne me fais pas trop de mauvais sang*.

E Je n'ai jamais regardé ces journaux, mais leur nom en dit long!

II Explications

se douter de quelque chose: le savoir par intuition ou déduction; soupçonner quelque chose.

monter une affaire en épingle: présenter une affaire simple de telle manière qu'elle paraisse intéressante et compliquée, comme on monte une pierre précieuse sur une broche pour qu'elle paraisse plus grosse et plus belle.

tirage (d'un journal ou d'un livre): le nombre d'exemplaires d'un journal ou d'un livre qu'on imprime en un jour ou en une fois.

un hebdomadaire: un journal qui paraît chaque semaine.

crisper: quelque chose qu'on ne peut pas supporter vous crispe les nerfs.

bande dessinée: une histoire en images avec des bulles de texte qui sortent de la bouche des personnages.

se faire du mauvais sang: se soucier, se préoccuper.

III Conversation. Version espacée
(*sur la bande seulement*)

IV Exercices de vocabulaire

Répondez à ces constatations en vous servant d'une phrase tirée des « explications ».

Exemple   Vous le saviez par instinct; vous le soupçonniez. Oui, je m'en doutais.

L'affaire est présentée de telle manière qu'elle paraisse intéressante et compliquée.

Il parlait du nombre d'exemplaires du journal qu'on imprimait chaque jour.

Vous trouvez cela insupportable.

C'est une histoire en images avec des bulles de texte qui sortent de la bouche des personnages.

Il s'inquiète, il se soucie.

V Exercices de substitution

Faites les substitutions:

C'est la première fois que je vous vois lire *un journal du soir*.
France-Dimanche
Le Nouvel Observateur
L'Express
Le Figaro

Je lis religieusement « Tintin ».
le courrier du cœur
les hebdomadaires
les bandes dessinées
les journaux sportifs

Il y a de grands journaux *de tendance catholique*.
sérieux et libéraux
de droite
de gauche
indépendants

VI Exercices d'adaptation

Commencez les phrases suivantes par l'expression « C'est la première fois que... »:

Exemple Nous achetons *Le Nouvel Observateur* cette année.
C'est la première fois que nous achetons *Le Nouvel Observateur* cette année.

Je vous vois lire *L'Humanité*.

Vous lisez un journal sportif.

Ma femme s'abonne à *Elle*.

4

Une visite au Palais
de Justice

I Conversation

Etudiant étranger et un Français qu'il connaît

F Vous voyez, c'est la cour du palais.

E Oui, c'est imposant, ces colonnes, ces grands escaliers.

F Vous voyez ce groupe de jeunes avocats en robe, leur jabot* blanc sous le menton, leurs dossiers sous le bras?

E Oui, ils ont l'air important. Qu'est ce qu'ils font? Ils attendent leur tour de plaider?

F Oh! la plupart ne plaident pas encore, ou très peu, ils sont stagiaires* chez de grands avocats.

E Ils viennent chaque jour respirer l'air du palais, écouter plaider leur patron ou un avocat connu, recueillir des tuyaux*, écouter les potins* du palais s'il y a une grande affaire en cours.

E Ils font ça pendant quelques mois avant de commencer à plaider eux-mêmes?

F Quelques années, vous voulez dire!

E Et c'est leur patron qui les paye, pas les clients?

F Il les paye, mais il n'y est pas obligé. Ils ont en général un traitement de misère. Ils font leur apprentissage du métier.

E Ils n'ont pas l'air à plaindre, pourtant.

F Non, ce sont souvent des fils de familles riches. Ou bien leur père est déjà avocat ou dans la magistrature. Ce sont des fils de procureurs*, d'avocats généraux*.

E Ils ont tous le droit de plaider?

F Oui, ils sont tous inscrits au barreau, mais le plus souvent on ne leur donne que les petites affaires courantes; les litiges entre propriétaire et locataires, les procès de successions ou les procès en divorce.

E Et le patron garde les grandes affaires criminelles?

F Oui, ou tous les procès portant sur de grosses sommes d'argent, les fraudes, les escroqueries*, les grandes faillites*.

E Ils plaident pour les escrocs?

F Bien sûr! Tout ce qui peut leur rapporter de l'argent. Les avocats sont quelquefois plutôt âpres au gain et grippe-sous. Chaque fois que vous allez leur faire une petite visite, ils vous demandent de laisser des « provisions ».

E Comment?

F Oui, ce sont des sortes d'avances sur leurs honoraires.

E Les stagiaires ne doivent pas avoir grand'chose à faire alors?

F Détrompez vous—chez un avocat qui travaille beaucoup, c'est le patron qui écrit sa plaidoirie et qui plaide, mais c'est en général le stagiaire qui a préparé l'affaire, recherché les faits, essayé de débrouiller la vérité dans les témoignages. C'est lui qui a fait tout le minutieux travail préparatoire...

E Et c'est le patron qui en retire la gloire?

F Oui, et l'argent, jusqu'à ce que le stagiaire soit devenu assez habile et connaisse assez les ficelles du métier pour devenir associé.

E Si nous entrions?

F Oui, il y a un grand procès d'assises.

Dans la salle

F Vous voyez les journalistes là en haut?

E Oui.

F Dessous, tous sur le même banc, ce sont les avocats de la défense.

E Il y a un avocat qui parle là en face dans le coin…

F Oui, c'est l'avocat de la partie civile … et au-dessus de lui est assis le greffier.

E Qui sont ces deux hommes en rouge?

F Le président de la cour d'assises et un des conseillers à la cour. Vous voyez, ils font face à l'avocat général.

E Et je vois l'accusé encadré de deux gendarmes à côté des avocats. Mais qu'est-ce que c'est que cette espèce de longue vitrine là au milieu?

F C'est là que sont toutes les pièces à conviction—tout ce que l'on a découvert pendant l'instruction de l'affaire.

E Ah, et on les place devant la barre des témoins. Où sont les témoins?

F Là, vous voyez les témoins à charge* et les témoins à décharge*.

E Et le jury à gauche?

F Oui, tous les jurés sont sur un même banc en face des avocats. Vous voulez explorer les couloirs du Palais maintenant?

E Oui, sortons. J'espère que je ne serai jamais poursuivi en justice.

II Explications

jabot: trois petits volants blancs, plissés et cousus ensemble, que les avocats portent sur le devant de leur robe.

stagiaire: quelqu'un qui fait un « stage », qui passe un certain temps en apprentissage pour apprendre la pratique d'un métier.

recueillir des tuyaux: ramasser des renseignements qui peuvent être utiles.

28

potins: histoires plus ou moins vraies qui circulent et qu'on se raconte de l'un à l'autre.

procureur: avec les *substituts* forme le « Parquet » dans un tribunal de première instance. Ils sont chargés de « requérir » contre l'accusé, au nom du Gouvernement, pour l'application de la loi. Il plaide pour l'ordre public contre l'accusé.

avocat général: joue le même rôle dans les cours de cassation et les cours d'assises.

escroquerie: est l'action de soutirer de l'argent par des moyens malhonnêtes et illégaux.

escroc: celui qui fait une escroquerie.

faillite: quand un commerçant ne peut plus payer ses dettes à ses créanciers, il se déclare en faillite, il fait faillite, et ses biens sont partagés entre ses créanciers.

témoins à charge: témoins contre l'accusé.

témoins à décharge: témoins pour l'accusé.

III Conversation. Version espacée
   (*sur la bande seulement*)

IV Exercices de vocabulaire

Répondez, en vous servant du vocabulaire des « explications ».

Exemple   Comment s'appellent les trois petits volants blancs, plissés et cousus ensemble, que les avocats portent sur le devant de leur robe ?
Ce sont les jabots.

Comment s'appelle quelqu'un qui passe un certain temps à apprendre la pratique d'un métier ?

Quelle est la phrase qui signifie « ramasser des renseignements qui peuvent être utiles » ?

Comment s'appellent des histoires plus ou moins vraies qui circulent et qu'on se raconte de l'un à l'autre? *les potins*

Comment s'appelle l'homme qui plaide pour l'ordre public dans un tribunal de première instance? *Procureur*

Et dans les cours de cassation et les cours d'assises? *Avocat général*

Que fait-on si on soutire de l'argent par des moyens malhonnêtes? *escroquerie*

Et comment s'appelle celui qui fait une escroquerie? *un escroc*

Que fait un commerçant qui ne peut pas payer ses dettes? *faillite*

Comment s'appellent les témoins contre l'accusé? *témoins à charge*

Et les témoins pour l'accusé? *" à décharge*

V Exercices de substitution

Faites les substitutions:

Le plus souvent on ne leur donne que les *petites affaires courantes*.

les litiges entre propriétaires et locataires
les procès de successions
les procès en divorce

Le patron garde *les grandes affaires criminelles*.

tous les procès portant sur de grosses sommes d'argent
les fraudes
les escroqueries
les grandes faillites

Ils viennent chaque jour *écouter plaider un avocat connu*.

recueillir des tuyaux
écouter les potins du palais s'il y a une grande affaire en cours
écouter plaider leur patron

5

Le théâtre

I Conversation

Etudiant étranger et un Français qu'il connaît

F Je vous emmène au théâtre, samedi soir si vous êtes libre.

E C'est très gentil.

F Où voulez-vous aller? à la Comédie Française*, ou préférez-vous le Théâtre de Boulevard*?

E Qu'en dit votre femme? Pour ma part je préfère les pièces classiques.

F Moi aussi, d'autant plus qu'on ne donne rien d'intéressant en ce moment dans les théâtres des Boulevards.

E J'ai dans ma serviette l' « Officiel des spectacles »*.

F Voyons ce qu'on donne à la Comédie Française.

E Oh, *Le Songe d'une nuit d'été.*

F Oh non, je ne vais pas vous traîner voir *Le Songe d'une nuit d'été* en français.

E Qu'est-ce qu'il y a au Théâtre de France alors?

F Théâtre de France … Ah! *Numance*, encore une traduction. J'aimerais bien vous emmener voir une pièce française.

E Je dois dire que c'est assez difficile en ce moment.

F Le fait est! Il n'y a que des pièces traduites de l'allemand, de l'anglais, de l'espagnol, du russe ou de l'italien. Le théâtre français dépérit.

E Si on allait au T.N.P.*?

F Mais oui, bien sûr. Allons voir *La Folle de Chaillot* avec

Edwige Feuillère. Les critiques ne tarissent pas d'éloges à son égard.

E Est-ce qu'on le donne le samedi ou est-ce *Turcaret* en fin de semaine?

F J'espère que non; la critique de *Turcaret* dans *Le Monde* était plutôt mauvaise.

E Oui, je sais. La mise en scène est « trop sage », paraît-il.

F Mais c'est *La Folle de Chaillot* qu'on donne le samedi. C'est ça que nous irons voir, si ma femme est d'accord.

E Entendu.

F Je suis sûr que quand vous allez au théâtre d'habitude vous allez surtout aux troisièmes galeries*. Tous les étudiants vont au poulailler*.

E Oui. Ce sont les seules places que nous puissions nous permettre.

F C'est de là qu'on entend le mieux.

E Et qu'on rigole* le plus aussi. Et avec de vieilles longues-vues on voit les actrices d'assez près!

F Oui, mais pour une fois je vous emmènerai aux fauteuils d'orchestre—ou plutôt non, aux fauteuils de balcon, on voit mieux les douairières en robe de soirée dans les loges et dans les baignoires, et pendant l'entr'acte vous pourrez les voir d'encore plus près au foyer.

E Vous croyez que si j'allais voir Edwige Feuillère dans sa loge après le spectacle, elle signerait mon programme?

F On ne sait jamais … mais demandez à l'ouvreuse* avant d'acheter votre programme … en France, les programmes ne sont pas donnés!

E C'est ce que je ferai… Maintenant il ne reste plus qu'à convaincre votre femme.

F Je m'en charge.

E Je fais partie d'une troupe d'amateurs en Angleterre, mais jusqu'à présent le seul emploi que j'aie tenu est celui de souffleur*.

F J'espère que la soirée de samedi vous sera profitable alors.

E Je l'espère aussi. A samedi! Nous nous retrouverons devant le théâtre, puisque c'est vous qui aurez les billets.

F C'est ça. A samedi.

II Explications

Comédie Française: Théâtre administré et subventionné par le gouvernement.

Théâtre de Boulevard: pièces amusantes et très légères qu'on donne le plus souvent dans les théâtres se trouvant sur les grands boulevards.

Officiel des spectacles: journal hebdomadaire donnant le programme détaillé de tous les spectacles de Paris: théâtres, cinémas, cabarets, chansonniers etc.

T.N.P.: Théâtre National Populaire, aussi subventionné par l'Etat, mais créé surtout pour permettre à tout le monde d'aller au théâtre en baissant le prix des places.

Troisièmes galeries ou «poulailler»: les places les plus élevées d'un théâtre et les moins chères.

rigoler: familier pour « rire »; « s'amuser ».

ouvreuse: celle qui vous conduit à votre place et vous vend un programme.

souffleur: celui qui est censé aider les acteurs à la mémoire défaillante en lisant la pièce à voix basse, caché dans un trou à l'avant de la scène.

III Conversation. Version espacée
(sur la bande seulement)

IV Exercices de vocabulaire

Répondez, en vous servant du vocabulaire des « explications ».

Exemple   C'est un théâtre administré et subventionné par l'Etat.

Oui, c'est la Comédie Française.

C'est un théâtre où on donne des pièces amusantes et légères.

Oui c'est le Théâtre de Boulvarde

C'est un journal hebdomadaire donnant le programme de tous les spectacles de Paris.

Oui c'est l'officiel des spectacles

C'est la partie la plus élevée du théâtre, où les places sont les moins chères.

oui c'est le poulailler

C'est un verbe familier qui signifie rire ou s'amuser.

Oui c'est rigoler

C'est celui qui aide les acteurs à la mémoire défaillante en lisant la pièce à voix basse, caché dans un trou à l'avant de la scène.

oui c'est le souffleur

C'est celle qui vous conduit à votre place et vous vend un programme.

oui c'est l'ouvreuse

V Exercices de substitution

Faites les substitutions:

Pour ma part je préfère *les pièces classiques.*

le Théâtre de Boulevard
les pièces traduites de l'allemand ou de l'anglais
les pièces françaises

Moi aussi, d'autant plus qu'on ne donne rien d'intéressant en ce moment *dans les théâtres des Boulevards.*

à la Comédie Française
au Théâtre National Populaire
au Théâtre de France

Les critiques ne tarissent pas d'éloges *à son égard.*

à l'égard d'Edwige Feuillère
à l'égard de cette troupe d'amateurs
à l'égard de *Turcaret*
à l'égard de cette pièce

VI Exercices d'adaptation

Commencez les phrases suivantes par « Si vous aviez le temps » et mettez le verbe au conditionnel :

Exemple   Je vous emmène au théâtre samedi soir.
              Si vous aviez le temps, je vous emmènerais au
              théâtre samedi soir.

Où voulez-vous aller ?

Vous pouvez demander à l'ouvreuse.

Vous vous en chargez.

Je vous retrouve devant le théâtre.

la scène : stage
le décor : scenery
audience : le publique
le tout Paris : high society

6

Le dentiste

I Conversation

Etudiant étranger et un Français qu'il connaît

E Vos dentistes sont cruels.

F Pourquoi?

E Ils se servent encore de cet instrument de torture qu'est une fraise lente.

F On ne se sert plus de la fraise en Angleterre?

E Si, mais presque tous les dentistes ont une fraise ultra-rapide, qui ne fait pas mal du tout.

F Ah je vois. Ce sont ces appareils modernes qui tournent si vite et chauffent tellement qu'on est obligé de vous envoyer un jet d'eau sur la dent qu'on creuse?

E Oui, et vous ne sentez rien.

F Moi je préfère encore avoir une extraction plutôt qu'un plombage*.

E Je vous comprends. Si on vous arrache une dent, c'est tout de suite fait, à moins que ce ne soit une molaire ou une dent de sagesse.

F ... alors que pour un plombage vous devez retourner trois ou quatre fois chez le dentiste.

E J'avais une dent cariée depuis très longtemps, mais hier après-midi le mal est devenu trop lancinant*. Je me suis précipité chez le dentiste qui habite le plus près de chez moi.

F ... et il vous a torturé pendant une heure?

E Oui, j'en ai encore la mâchoire* ankylosée* et la joue

enflée et j'y retourne demain. Le dentiste prétend que mes gencives sont en mauvais état. Il veut me faire suivre un traitement.

F Et probablement un détartrage aussi. Vous en avez pour un bon mois.

E Quelle agréable perspective!

F Et quel trou dans votre budget!

E Et ce n'est pas tout. Il dit que j'ai les dents de devant qui avancent, et il veut me faire porter un appareil.

F N'êtes-vous pas trop vieux pour cela?

E D'après ce qu'il dit, non, mais vous me voyez avec un appareil?

II Explications

plombage: une fois la partie gâtée de la dent enlevée, on la remplit avec un plâtre spécial que l'on recouvre d'un mélange de plomb fondu.

lancinant: une douleur lancinante est une douleur pénétrante, qui semble envoyer des irradiations à intervalles rapprochés et réguliers.

mâchoires: os de la face dans lesquelles les dents sont encastrées.

ankylosée: difficile à remuer, comme paralysée. La mâchoire est ankylosée quand on garde la bouche ouverte trop longtemps chez le dentiste—les muscles se raidissent.

gencives: la chair qui recouvre la mâchoire et entoure les dents.

détartrage: les dents sont grattées pour enlever le tartre que la salive y dépose.

III Conversation. Version espacée

(sur la bande seulement)

IV Exercices de vocabulaire

Remplacez les phrases en italique par une phrase plus courte ou par un seul mot.

Exemple   Le dentiste *remplit la dent avec un plâtre spécial recouvert d'un mélange de plomb fondu.*
Le dentiste fait un plombage.

C'est une *douleur pénétrante qui semble envoyer des irradiations à intervalles rapprochés et réguliers.*

Ce sont *les os de la face dans lesquelles les dents sont encastrées.*

La mâchoire est *difficile à remuer, comme paralysée.*

La chair qui recouvre la mâchoire et entoure les dents est en mauvais état.

Le dentiste *gratte les dents pour enlever le tartre que la salive y dépose.*

V Exercices de substitution

Faites les substitutions

C'est tout de suite fait, à moins que ce ne soit *une molaire.*
une dent de sagesse
un plombage
un détartrage
un traitement prolongé

Il veut me faire *suivre un traitement.*
porter un appareil
retourner trois ou quatre fois
soigner mes gencives
payer tous les frais

Vous en avez pour *un bon mois*.
tout le weekend
plus d'un an
quatre ou cinq jours
trois quarts d'heure à peu près
le reste de l'année

VI Exercices d'adaptation

(a) Commencez toutes les phrases suivantes par « Quand j'étais en Amérique » et mettez le verbe à l'imparfait :

Exemple   Les fraises tournent si vite et chauffent tellement qu'on est obligé de vous faire envoyer un jet d'eau sur la dent qu'on creuse.

             Quand j'étais en Amérique les fraises tournaient si vite et chauffaient tellement qu'on était obligé de vous envoyer un jet d'eau sur la dent qu'on creusait.

Presque tous les dentistes ont une fraise ultra-rapide qui ne fait pas mal du tout.

Le dentiste prétend que mes gencives sont en mauvais état et il veut me faire suivre un traitement.

(b) Commencez toutes les phrases par le mot « Bientôt » et mettez le verbe au futur :

Exemple   Tous les dentistes ont une fraise ultra-rapide.

             Bientôt tous les dentistes auront une fraise ultra-rapide.

La fraise ne fait plus mal du tout.

Vous ne sentez rien.

Je vous comprends.

C'est presque fini.

Vous n'êtes pas trop jeune.

Vous en avez pour un mois.

7

Le médecin et la
sécurité sociale

I Conversation

Etudiant étranger et un Français qu'il connaît

E Votre femme me dit que vous venez d'être malade.

F Oui, une crise de foie.

E Pour ne pas faire mentir la légende…?

F Quelle légende?

E En Angleterre on dit que tous les Français ont mal au foie, ou du moins…

F Oui?

E … qu'ils s'imaginent avoir mal au foie.

F Je vous assure que ce n'était pas une illusion! J'ai dû me lever dix fois dans la nuit.

E En Angleterre on appellerait ça une indigestion.

F Ah, pardon! Ma vésicule biliaire* me faisait mal et j'étais jaune comme un citron.

E Oh! Alors … vous avez vu le médecin?

F Non. Ça m'était déjà arrivé le mois dernier après un déjeuner d'affaires. Quand je suis allé voir le médecin, il m'a fait une série de piqûres* et m'a fait acheter une boîte d'ampoules buvables* qui m'ont fait le plus grand bien. J'en ai repris cette fois.

E Et maintenant vous êtes guéri?

F Oui, mais je suis toujours au régime*.

E Est-ce que c'est un régime pénible?

F Oh oui … pas de graisses, pas d'alcool, pas de fritures, pas beaucoup de pain…

E En effet, c'est terrible!

F Oh oui, c'est déprimant de manger surtout des légumes bouillis. Je ne pourrais pas supporter ça longtemps.

E Qu'allez-vous faire?

F J'ai déjà pris rendez-vous chez le docteur. Si je vais mieux, je m'arrêterai de suivre ce régime draconien. Mais j'ai horreur d'aller chez le médecin à cause de la paperasserie*.

E Pourquoi?

F Il faut emporter sa feuille de sécurité sociale que le médecin doit remplir et signer. On paye le médecin et puis on va faire la queue des heures pour récupérer une partie de son argent.

E Vous ne pourriez pas vous faire envoyer l'argent?

F Oui. Je pourrais envoyer mon dossier et faire verser l'argent directement à ma banque, mais à ce moment-là il ne faut pas être pressé.

E On vous rembourse aussi le prix des médicaments?

F Oui, à condition de ne pas oublier de coller les vignettes qu'on trouve sur les boîtes, sur l'ordonnance du médecin. Le plus souvent on jette la boîte avec la vignette encore collée dessus.

E Je préférerais ne pas être malade en France alors.

II Explications

vésicule biliaire: petite poche reliée au foie et contenant la bile, liquide jaune et amer.

piqûre: injection dans le corps humain, par moyen d'une aiguille creuse reliée à une seringue de verre, d'un médicament liquide. On injecte ce liquide sous la peau (piqûre sous-cutanée), dans un muscle (piqûre intra-musculaire) ou dans une veine (piqûre intraveineuse)

ampoule buvable: long tube de verre rempli de médicament. On coupe le verre aux deux bouts avec une lime pour faire couler le liquide.

être au régime: ne pouvoir manger qu'une certaine quantité de certains aliments.

paperasserie: tous les formulaires et tous les documents officiels exigés par l'Administration. Le mot a un sens péjoratif.

III Conversation. Version espacée
(sur la bande seulement)

IV Exercices de vocabulaire

Répondez en vous servant du vocabulaire des «explications».

Exemple　　Comment s'appelle cette petite poche reliée au foie qui contient la bile?
　　　　　　C'est la vésicule biliaire.

Comment s'appelle ce long tube de verre dont on coupe les deux bouts avec une lime pour faire couler le liquide qu'il contient?

Quelle phrase signifie « ne pouvoir manger qu'une certaine quantité de certains aliments »?

Quelle est l'expression populaire qui signifie les formulaires et les documents officiels?

V Exercices de substitution

Faites les substitutions:

Votre femme me dit que vous venez *d'être malade*.

d'avoir mal au foie
d'avoir une crise de foie
d'être jaune comme un citron
d'acheter une boîte d'ampoules buvables

J'ai horreur *d'aller chez le médecin.*

d'être au régime
de m'occuper de toute la paperasserie
de me lever dans la nuit quand je suis malade
de faire la queue pour récupérer un peu de mon argent

C'est déprimant *de manger surtout des légumes bouillis.*

de faire la queue pendant des heures
d'être obligé de coller les vignettes sur l'ordonnance du
    médecin
d'avoir des crises de foie
de ne pas pouvoir se faire rembourser

VI Exercices d'adaptation

(a) Adaptez la phrase suivante en utilisant les différentes
personnes du verbe:

Je pourrais faire envoyer mon dossier et faire verser l'argent
    à ma banque.

Exemple   Toi: tu pourrais faire envoyer ton dossier et faire
               verser l'argent à ta banque.

lui
elle
nous
vous
eux
elles

(b) Mettez les phrases suivantes au passé composé:

Exemple   Ma vésicule biliaire me faisait mal et j'étais jaune
             comme un citron.
             Ma vesicule biliaire m'a fait mal et j'ai été jaune
             comme un citron.

Il faut emporter sa feuille de sécurité sociale.

On paye le médecin et puis on va faire la queue pour
récupérer un peu de son argent.

Votre femme me dit que vous êtes malade.

Ils s'imaginent avoir mal au foie.

8

Un accident de la circulation

I Conversation

Etudiant étranger et un agent de police

A Monsieur, est-ce que vous avez quelques minutes?

E Oui. Enfin, je ne sais pas si...

A Je crois que vous avez été témoin de l'accident. Est-ce que vous accepteriez de me dire ce que vous avez vu?

E Vous savez, je ne suis pas sûr de me rappeler grand'chose. Je suis encore sous le coup de...

A Oui, je comprends, mais pour l'instant je vous demanderai seulement de me dire brièvement ce qui s'est passé.

E Entendu, j'essayerai ... mais tout s'est passé si vite.

A Si vous acceptez de donner votre témoignage, vous serez convoqué au commissariat dans quelques jours.

E Eh bien, j'étais sur le trottoir d'en face...

A Oh, d'abord votre nom et votre adresse, s'il vous plaît.

E John Smith, 1 rue Monsieur le Prince...

A Bien.

E Je me suis arrêté devant la vitrine de la librairie...

A De la librairie du coin?

E Oui. J'ai remarqué devant le café un peu plus bas le camion chargé de caisses de bouteilles. Il y avait d'autres voitures derrière en stationnement. Je me suis dirigé vers le passage clouté*...

A Oui...

E Je voulais traverser pour aller au bureau de tabac. Les feux étaient au vert et j'ai attendu sur le bord du trottoir…

A Avez-vous vu la voiture de sport?

E Oui, j'ai vu ce petit cabriolet décapotable* déboucher en trombe* de la ruelle transversale et tourner à droite. Cette rue est un sens unique, je crois?

A Oui, c'est ça. A quelle vitesse est-ce qu'elle roulait, diriez-vous?

E Oh, je ne saurais pas le dire.

A Mais très vite?

E Oui, très vite…

A Encore un de ces jeunes fanfarons* qui conduisent tout le temps le pied au plancher.

E Et qui ont une contravention pour excès de vitesse à peu près une fois par mois…

A Disons qu'elle roulait à 80 à l'heure…

E Au moment où les feux ont changé, le camion est sorti brusquement, sans signaler…

A Vous voulez dire qu'il a démarré sans mettre son clignotant*?

E C'est ça. J'ai vu la fourgonnette* Renault dévier vers la gauche pour essayer d'éviter le camion et la voiture de sport qui essayait de la doubler* à droite.

A La voiture de sport a freiné?

E La voiture de sport a freiné, mais trop brusquement. Elle a dérapé* sur plusieurs mètres … la rue est toujours un peu mouillée…

A Est-ce que la fourgonnette allait très vite?

E Pas très, non; autant que j'aie pu en juger elle n'excédait pas la limite de vitesse.

A Et après cela?

E Après cela, je ne sais pas. J'ai entendu un grand bruit de freins, de crissement* de pneus et de verre entrechoqué. J'ai vu le camion essayer de faire marche arrière, c'est tout. Après, tout s'est arrêté et il y a eu un attroupement.

E Je vous remercie, monsieur. Vous recevrez votre convocation dans quelques jours. Vous aurez peut-être à paraître en justice, parce qu'il y a un blessé grave.

II Explications

passage clouté: passage généralement entre deux rangs de clous argentés, qui permet aux piétons de traverser la rue. Les automobilistes s'arrêtent devant les passages cloutés si des piétons sont en train de traverser.

cabriolet décapotable: voiture à la capote de toile qui peut être baissée.

en trombe: très vite, comme une trombe d'eau qui tombe.

fanfaron: quelqu'un qui se vante, qui est très sûr de lui, et qui agit de manière à se faire remarquer le plus possible de tout le monde.

clignotants: petites lumières placées à l'arrière de la voiture, de chaque côté. On allume l'une ou l'autre pour indiquer qu'on va tourner à droite ou à gauche. Elle s'allume alors d'une manière intermittente; elle *clignote*.

fourgonnette: petite voiture commerciale.

doubler: dépasser et se placer devant une voiture qui vous précédait.

déraper: quand on freine trop brusquement ou quand on va trop vite sur une route mouillée, les pneus ne collent plus à la route, ils glissent et font faire des zigzags à la voiture.

crissement: bruit aigu que font les pneus frottant très fort contre la chaussée.

III Conversation. Version espacée

(*sur la bande seulement*)

IV Exercices de vocabulaire

Répondez, en vous servant d'un mot ou d'une phrase tiré des « explications ».

Exemple   C'est un passage entre deux rangs de clous argentés.
Oui, c'est un passage clouté.

C'est une voiture avec une capote qui peut être baissée.

Il a débouché de la ruelle très vite.

C'est quelqu'un qui se vante et qui agit de façon à se faire remarquer.

Ce sont les petites lumières qu'on allume pour indiquer qu'on va tourner à droite ou à gauche.

C'est une petite voiture commerciale.

C'est dépasser et se placer devant une voiture qui vous précédait.

Il a freiné trop brusquement, ou il allait trop vite sur une route mouillée.

C'est le bruit aigu que font les pneus frottant très fort contre la chaussée.

V Exercices de substitution

Faites les substitutions:

Si vous acceptez de donner votre témoignage *vous serez convoqué au commissariat dans quelques jours.*

vous serez obligé de paraître en justice parce qu'il y a un blessé grave.

vous recevrez bientôt votre convocation.

vous devrez essayer de vous rappeler tout ce qui s'est passé.

Encore un de ces jeunes fanfarons *qui conduisent tout le temps le pied au plancher*.

qui débouchent en trombe des rues transversales

qui ont une contravention pour excès de vitesse à peu près tous les mois

qui conduisent à 80 à l'heure en ville

Au moment où les feux ont changé *le camion est sorti brusquement sans signaler*.

il a démarré sans mettre son clignotant

j'ai vu la fourgonnette Renault dévier vers la gauche pour essayer d'éviter le camion

la voiture de sport a dérapé sur plusieurs mètres

9

Les sports d'hiver

I Conversation

Etudiant étranger et un Français qu'il connaît

F Vous avez vraiment décidé de ne pas rentrer chez vous pour Noël?

E Oui, j'ai décidé de rester en France.

F J'espère que vous passerez Noël avec nous. Nous recevons quelques amis pour le réveillon*. Vous aimez la dinde aux marrons et la bûche au chocolat? C'est notre invariable menu de réveillon.

E Je vous remercie, mais je pars à la montagne avec un groupe d'étudiants.

F Vous avez fait des économies, je vois! Ça revient cher, les sports d'hiver.

E Pas du tout. C'est un voyage organisé par l'A.G.E. spécialement pour les étudiants. Ce n'est pas cher du tout.

F Oui, mais attention aux faux frais, la location…

E Non, tout est compris: le voyage, la pension complète dans un chalet, les frais de remonte-pente, la location des skis, des souliers de ski.

F De tout l'équipement?

E De tout l'équipement, des bâtons, tout, et même le prix des leçons du moniteur de ski pour les débutants comme moi. C'est un prix forfaitaire*—une fois cette somme payée on nous distribue des tickets pour tout, nous n'avons plus à nous occuper de rien.

F Théoriquement vous pourriez partir sans argent?

E Exactement.

F Veinard*! du temps où nous étions étudiants, ma femme et moi, il n'y avait rien de tout ça. Les sports d'hiver étaient un luxe pour étudiants riches. C'était tout à fait hors de portée pour des étudiants comme nous, qui subsistions grâce à une maigre bourse.

E Oui, c'est merveilleux; il me tarde de partir. C'est la première fois que je vais à la montagne.

F Vous y resterez une huitaine de jours?

E Oui, une semaine, je serai de retour pour le jour de l'an. On nous a promis une énorme fondue* la veille de notre retour.

F Et n'oubliez pas de prendre le téléphérique* au moins une fois pour aller de l'autre côté de la vallée.

E Oh! non, je n'oublierai pas, j'en ai envie depuis trop longtemps.

F Mais surtout ne faites pas d'imprudences. Ne commencez pas l'année avec un bras en écharpe ou une jambe dans le plâtre. Soyez courageux, mais pas téméraire!

E Oh non! je ne tiens pas à me casser la figure seulement pour le plaisir d'épater les copains.

F Très bien! au jour de l'an alors. Ce n'est pas la peine de vous souhaiter de bien vous amuser!

II Explications

réveillon: la veille de Noël et la veille du jour de l'an, beaucoup de Français veillent jusqu'au petit jour. La veille de Noël ils font un énorme repas après la messe de minuit.

prix forfaitaire: un prix global dans lequel tout est compris.

veinard: quelqu'un qui a de la veine, de la chance, à qui tout réussit.

fondue: plat qu'on mange surtout en montagne pendant la veillée, après une journée de ski. Il est fait de gruyère fondu dans du vin blanc sec et d'autres liqueurs. On doit faire cuire cela dans une marmite de terre et le maintenir au chaud pendant tout le temps. Chacun trempe son petit morceau de pain dans le fromage fondu brûlant.

téléphérique: moyen de transport utilisé en montagne pour aller de la vallée au sommet ou pour passer d'un pic à un autre. C'est une petite cabine suspendue à un énorme câble et marchant à l'électricité.

III Conversation. Version espacée
(*sur la bande seulement*)

IV Exercices de vocabulaire

Répondez en vous servant d'un mot ou d'une phrase tiré des « explications ».

Exemple C'est un énorme repas qu'on fait la veille de Noël.
Oui, c'est le réveillon.

C'est un prix global dans lequel tout est compris.

C'est quelqu'un qui a de la veine (ou de la chance) et à qui tout réussit.

C'est un plat de gruyère fondu qu'on mange surtout en montagne pendant la veillée, entre amis, après une journée de ski.

C'est un moyen de transport, utilisé en montagne pour aller de la vallée au sommet ou pour passer d'un pic à un autre, qui se compose d'une petite cabine suspendue à un énorme câble et marchant à l'électricité.

V Exercices de substitution

Faites les substitutions:

Une fois *cette somme payée* nous n'avons plus à nous occuper
de rien.

les tickets distribués
la note réglée
les frais de voyage et de pension payés
l'équipement loué

Il me tarde *d'aller à la montagne.*

de prendre le téléphérique
de manger cette énorme fondue
de faire du ski
d'épater les copains

[handwritten: tenir à / to be keen to do something]

Je ne tiens pas *à me casser la figure.*

aller à la montagne
prendre le téléphérique
épater les copains
manger une dinde aux marrons et une bûche au chocolat

VI Exercices de vocabulaire supplémentaires

Répondez aux questions suivantes:
Comment s'appelle la volaille qu'on mange à Noël?
Comment s'appelle l'homme qui donne des leçons de ski?
Comment s'appelle l'argent qu'un étudiant reçoit, ou de
l'état ou d'une autre organisation?
Comment s'appelle le premier janvier?

10

La musique

I Conversation

Etudiant étranger et un Français qu'il connaît

E Je vous ai rapporté ce disque. J'espère que vous l'aimerez; mon choix n'a pas été très original ni aventureux, c'est du Mozart.

F Oh, vous n'auriez pas pu mieux tomber*. Ma femme a une vraie passion pour Mozart.

E Oui, c'était un choix à peu près sûr. C'est un nouvel enregistrement.

F C'est une œuvre rare, assez peu jouée, quoi que vous en disiez.

E D'après ce qu'en disent les critiques, c'est le meilleur enregistrement qu'on en ait fait jusqu'à présent.

F Vous parlez, avec un chef d'orchestre et un orchestre pareils. Si nous le mettions?

E Oui, bien sûr, si vous voulez.

F Je regrette de n'avoir pas un meilleur tourne-disques. J'attends de pouvoir m'offrir un appareil stéréophonique.

E Oui, bien sûr, mais ils coûtent un prix fou et il leur faut tant d'espace!

F Pour bien faire, il faudrait leur consacrer une pièce entière, mais je crois que je pourrais en organiser un dans ce coin de salon.

E J'en ai vu un avec radio et magnétophone* incorporés et dessous un endroit où ranger les microsillons*, les 45 tours d'un côté, les 33 tours de l'autre.

F Oui, je sais. C'est celui que je désire. Vous voyez, je pourrais mettre le meuble contre ce mur, un des haut-parleurs dans ce coin et l'autre en face de la fenêtre. Ce ne sera pas demain que nous pourrons l'acheter quand même.

E Mettons le disque.

F Il y a quelque chose qui ne va pas dans la tête du tourne-disques. J'ai essayé de le réparer. J'ai bricolé* un peu la semaine dernière, mais je crois que je l'ai abîmé encore plus.

E Le bras est peut-être un peu trop lourd?

F C'est possible, mais je ne vais plus y toucher.

E Oh! la reproduction n'est pas mauvaise du tout. La tonalité laisse à desirer.

F Quand même, écoutez, la direction est formidable, c'est un magnifique cadeau.

E Je suis content de n'avoir pas choisi de musique moderne.

F Oh oui, comme vous avez bien fait! Ma femme sera ravie.

II Explications

vous n'auriez pas pu mieux tomber: votre choix est excellent, vous n'auriez pas pu mieux choisir.

magnétophone: appareil qui enregistre magnétiquement du son sur une bande magnétique. Normalement, chaque cabine d'un laboratoire de langues contient un magnéto-phone.

microsillon: disque à très longue durée d'audition.

bricoler: faire de petites choses, essayer de faire de petites réparations, fabriquer de petits objets.

III Conversation. Version espacée

(sur la bande seulement)

IV Exercices de vocabulaire

Exprimez les phrases suivantes d'une autre façon en employant le vocabulaire des « explications ».

Exemple   Votre choix est excellent; vous n'auriez pas pu mieux choisir.
            Vous n'auriez pas pu mieux tomber.

Il aime bien essayer de faire de petites réparations ou fabriquer de petits objets.

V Exercices de substitution

Faites les substitutions:

J'attends de pouvoir m'offrir *un appareil stéréophonique*.

un nouveau tourne-disques
un meilleur enregistrement
un appareil avec radio et magnétophone incorporés
un choix de microsillons

La direction est formidable.

La reproduction
La tonalité
L'enregistrement
L'exécution
L'interprétation

Il y a quelque chose qui ne va pas dans *la tête du tourne-disques*.

le bras du tourne-disques
les hauts-parleurs
le magnétophone
l'appareil stéréophonique

VI Exercices d'adaptation

Ajoutez « Il faudra que » au commencement de ces phrases
et mettez le verbe au subjonctif:

Exemple   C'est un choix à peu près sûr.
             Il faudra que ce soit un choix à peu près sûr.

Nous le mettons.

Nous attendons de pouvoir nous offrir un nouveau tourne-
disques.

Je mets le haut-parleur dans ce coin.

Vous n'y touchez pas.

11

Les distractions

I Conversation

Etudiant étranger et un Français qu'il connaît

F Nous avons eu des invités inattendus pendant la semaine de Noël.

E Des parents?

F Oui, de jeunes cousins de province que nous aimons beaucoup, mais que nous voyons assez peu souvent, malheureusement.

E Vous vous êtes bien amusés alors?

F Oui. Ça a été une surprise très agréable.

E Qu'avez-vous fait?

F Toutes sortes de choses que nous ne faisons jamais d'habitude. Ils ont tenu à se conduire comme de vrais touristes.

E Et pour les suivre vous avez fait tout ce que les Parisiens ne font jamais d'habitude?

F Oui, et nous nous sommes amusés comme des fous. Nous sommes sortis tous les soirs. Ils ont même réussi à nous emmener danser dans une boîte de nuit, ce dont j'ai horreur d'habitude.

E Est-ce qu'il y avait un spectacle aussi?

F Non, seulement trois musiciens excellents et une chanteuse en robe noire, à la voix rauque.

E On y va pour danser alors?

F Oui, mais la piste de danse est à peu près aussi grande que la table de notre salle à manger, et ce soir-là il y avait un monde fou.

E   Je n'aime pas beaucoup cette atmosphère surchauffée et enfumée.

F   Non, moi non plus, mais c'était peu après Noël et il y avait une ambiance de folie—des serpentins*, des confettis*, des cotillons*. Je supporte ça une fois dans l'année.

E   Vous êtes allés au théâtre aussi, bien sûr?

F   Non, impossible, tout était complet. Nous nous y sommes pris trop tard, mais nous sommes allés voir un spectacle de cabaret.

E   Où ça?

F   Aux *Trois Baudets*. C'est une petite salle minuscule. Juliette Greco et Georges Brassens y ont chanté à leurs débuts. Ils ont encore de bons chanteurs, mais la meilleure partie du spectacle est la partie des chansonniers.*

E   Oh oui, j'aime beaucoup les chansonniers. Ils s'attaquent surtout au Gouvernement, n'est-ce pas?

F   Oui, c'est leur victime favorite. Ils se moquent de tout le monde, ils égratignent* tout le monde—le Général d'abord.

E   Et Tante Yvonne*...

F   Oui, c'est tout à fait l'esprit du *Canard Enchaîné*—ils prennent à partie notre ministre de la Culture, notre ministre de l'Education nationale, la police...

E   Oui, c'est la police qui est toujours l'objet des attaques les plus virulentes.

F   Avec l'armée... Mais ce n'est jamais grossier, vulgaire, de mauvais goût. Tout est dit à mots couverts, d'une manière fine et spirituelle.

E   Eh bien, vous avez eu une semaine bien remplie.

F   Plutôt, oui. A la fin de la semaine nous étions tous comme des somnambules pendant la journée, parce qu'avec les enfants pas de grasse matinée* possible, et nous ne nous couchions jamais avant trois heures du matin. Une fois nous sommes même allés manger la soupe à l'oignon aux Halles après le spectacle.

E Oh, je raffole* de ça.

F Et j'ai fait manger des cuisses de grenouille à ma cousine, qui n'avait jamais voulu en manger jusque-là.

E Il n'y a pas que les Anglais alors qui soient écœurés à l'idée de manger des grenouilles ou des escargots.

F Oh non... La seule chose qu'ils ne soient pas arrivés à me faire faire est d'aller aux Folies Bergères ou voir la revue du Lido. Les bas à résille* et les plumes d'autruche ... très peu pour moi. Il y a des limites!

E Même pour faire plaisir à des cousins!

F Eux-mêmes n'y tenaient pas tant que ça. Ils voulaient seulement me taquiner. tease.

II Explications

serpentins: rouleaux étroits de papier de couleur qu'on essaye d'enrouler autour des autres danseurs.

confettis: minuscules ronds de papier de toutes les couleurs qu'on se lance par poignées au visage.

cotillons: chapeaux, sifflets ou éventails de papier qu'on distribue aux danseurs dans certains bals.

chansonniers: comédiens qui écrivent et disent eux-mêmes de petits poèmes ou de courtes pièces sur des sujets d'actualité.

égratigner: faire une marque, un trait, assez superficiel avec un instrument pointu. Ici, égratigner la réputation ou l'amour-propre des gens.

Tante Yvonne: nom peu respectueux donné à la femme du Général de Gaulle, dont le prénom est Yvonne.

faire la grasse matinée: se lever tard.

raffoler: aimer quelque chose beaucoup, à la folie.

bas à résille: bas qui ressemblent à des filets de pêcheurs.

III Conversation. Version espacée
(sur la bande seulement)

IV Exercices de vocabulaire

Répondez aux constatations suivantes en vous servant d'un mot ou d'une phrase tiré des « explications ».

Exemple   Il y a des rouleaux étroits de papier de couleur qu'on essaye d'enrouler autour des autres danseurs.

        Oui, ce sont des serpentins.

Il y a de minuscules ronds de papier de toutes les couleurs qu'on se lance par poignées au visage.

Il y a des chapeaux, des sifflets et des éventails de papier qu'on distribue aux danseurs dans certains bals.

Il y a une phrase qui signifie « se lever tard ».

Il y a un verbe qui signifie « aimer beaucoup, aimer à la folie ».

Il y a des comédiens qui écrivent et disent eux-mêmes de petits poèmes ou de courtes pièces sur des sujets d'actualité.

Il y a un verbe qui signifie « faire une marque avec un instrument pointu ».

Il y a un nom peu respectueux qu'on donne à la femme du Général de Gaulle.

Il y a des bas qui ressemblent à des filets de pêcheurs.

V Exercices de substitution

Faites les substitutions:

Ils ont tenu *à se conduire comme de vrais touristes*.

à faire tout ce que les Parisiens ne font jamais d'habitude
à nous emmener danser dans une boîte de nuit surchauffée
    et enfumée
à manger des cuisses de grenouilles et des escargots
à aller aux Folies Bergères ou au Lido

La seule chose qu'ils ne soient pas arrivés à me faire faire est
    d'aller aux Folies Bergères ou au Lido.

d'aller manger de la soupe à l'oignon à trois heures du matin
de faire la grasse matinée
de me coucher de bonne heure

Ils s'attaquent surtout *au Gouvernement*.

à leur victime favorite
au Général de Gaulle
à la police et à l'armée
aux ministres de la Culture et de l'Education nationale

Part 2

12

A la maison

I Conversation

Le mari et la femme

F Bonne journée?

M Oh, pas plus mauvaise que d'habitude. Je n'ai attendu que dix minutes au rond-point de la Défense*. Par extraordinaire il n'y avait pas d'embouteillage*. Joséphine s'est bien comportée pour une 2 CV* vieille de 5 ans. Un chauffard* m'a fait une queue de poisson* parce que je n'allais pas assez vite pour son goût, et j'ai failli écraser un piéton. Chaque matin je suis tenté de laisser la voiture n'importe où et de prendre le métro.

F Tu le regretterais le soir. On voit bien que tu n'as jamais pris le métro aux heures d'affluence*. Vraiment aujourd'hui j'ai failli suffoquer*.

M Pas de courrier?

F Non, rien d'important—J'ai rencontré la concierge sur le palier ce matin quand elle montait le courrier. Il n'y avait qu'une réclame pour un nouveau détergent avec un bon pour un paquet gratuit à condition d'acheter de la margarine, une chemise et une machine à laver!! Ah! et une invitation de la section locale de l'UNR* pour une réunion mardi prochain à 7 heures.

M Tu vas y aller?

F Bien sûr! Et tu prépareras le dîner, n'est-ce pas?

M Ah non! A ce compte-là* j'aimerais encore mieux y

aller moi-même! Tu as parlé à la concierge de la conduite d'eau?

F Oui. Elle prétend que c'est la dame du dessous, celle du cinquième gauche, la femme du chauffeur de taxi, qui gaspille trop d'eau. Vous comprenez, dit la concierge, elle a cinq enfants. Et la concierge n'est pas contente du tout. Cette dame met de trop gros paquets dans son vide-ordures*—et les enfants jettent des papiers dans l'ascenseur—pas comme les vôtres, Mme Martin, qui sont si polis et si bien élevés! Elle ne les a jamais vus à la maison! Quoi de neuf au bureau?

M Rien. Les affaires sont calmes. Et toi? Tes élèves ne t'ont pas fait trop enrager aujourd'hui? Tu n'as pas eu de discussion avec ton dragon de directrice?

F Non. Elle est trop occupée à signer les bulletins trimestriels, et on s'attend à la visite d'un inspecteur d'anglais d'un jour à l'autre. Il est censé arriver à l'improviste*, mais le bruit court qu'il sera à l'école demain. Dans la salle des professeurs on ne parlait que de cela. On a même remis la réunion du conseil des professeurs à plus tard. Ma classe de philo* avait une heure d'étude de 10h à 11h. Elles ont fait un chahut* épouvantable. La pauvre pionne était débordée*. La surveillante générale* elle-même a dû se déranger. Elles ont continué au réfectoire sous prétexte qu'on leur servait du fromage de tête* pour le troisième jour de suite. Elles sont toutes demi-pensionnaires. Elles menacent de faire la grève de la faim et de se plaindre à l'économe*.

M Parce qu'elles sont en philo elles se croient tout permis. Mais je n'entends pas les enfants. Où sont-ils?

F Dans leur chambre. C'est étonnant qu'ils ne t'aient pas entendu rentrer. J'en ai profité pour finir l'ourlet de la robe d'Isabelle. Gilles affirme qu'ils ont eu un gâteau

66

délicieux pour le déjeuner. Il va bientôt dire qu'il préfère la cuisine de la cantine scolaire à la mienne!

M Ce n'est pas étonnant. Il faut attendre qu'il y ait des invités pour que tu nous fasses un gâteau.

F Quel toupet! Seulement hier vous avez eu une tarte aux pommes et les choux à la crème la semaine dernière!

M Oui, mais qu'est-ce qu'il y a à souper ce soir? Je commence à avoir faim.

F Rien.

II Explications

rond-point de la Défense: un des plus grands carrefours de Paris.

embouteillage: quand il y a tant de voitures au même endroit que la circulation est arrêtée, il y a un embouteillage.

2 CV: La 2 CV est une petite voiture Citroën, peu élégante, mais légère et solide.

chauffard: un chauffard conduit mal et dangereusement.

queue de poisson: si un automobiliste vient brusquement se placer devant vous en frôlant votre voiture, il vous a fait une queue de poisson.

heure d'affluence (ou heure de pointe): est le moment de la journée où tout le monde va au travail ou sort du travail. Il y a une foule énorme dans toutes les stations de métro.

j'ai failli suffoquer: j'étais très près de suffoquer.

UNR: le parti gaulliste: l'Union pour la Nouvelle République.

à ce compte-là: s'il faut payer ce prix-là; s'il faut faire ce sacrifice-là.

vide-ordures: trou dans le mur par lequel on se débarrasse de ses ordures.

il est censé arriver à l'improviste: théoriquement, il devrait arriver sans avertir, mais en fait tout le monde sait à l'avance quand il arrivera.

philo: la classe de philosophie-lettres.

chahut: quand toutes les élèves parlent et bougent toutes en même temps elles font du chahut.

Chahuter un professeur c'est faire du bruit pour l'ennuyer.

pionne: jeune fille qui ne fait pas de cours mais qui surveille les élèves pendant leurs heures libres entre les cours. Terme péjoratif pour « surveillante ».

elle était débordée: elle avait trop de travail, ou le travail était trop difficile pour elle.

surveillante générale: s'occupe de l'administration générale d'un lycée ou d'un collège moderne.

fromage de tête: sorte de pâté fait de gros morceaux de tête de porc.

l'économe: s'occupe du budget d'un lycée ou d'un collège.

toupet: l'impertinence, le sans-gêne.

III Conversation. Version espacée
(*sur la bande seulement*)

IV Exercices de vocabulaire

Répondez en employant le vocabulaire des « explications ».

Exemple   Il conduit très mal et d'une façon dangereuse.
Oui, c'est un chauffard.

La circulation s'est presque arrêtée; on n'avance guère.

Il y a une foule énorme dans le métro à six heures du soir.

Il y a un parti gaulliste, n'est-ce pas?

C'est un trou dans le mur où on se débarrasse des ordures.

C'est une impertinence.

Il y a une jeune fille qui surveille les élèves pendant leurs heures d'étude.

Il y a une dame qui s'occupe de l'administration générale de l'école.

Il y a une personne qui s'occupe de tout ce qui concerne le budget de l'école.

Il y a un bruit épouvantable là-bas.

V Exercices de substitution

Faites les substitutions:

J'ai failli manquer *le train*.

le car
le bateau
l'avion
la correspondance

Il faut attendre qu'il y ait des invités pour que tu nous fasses *un gâteau*.

un bifteck

un pâté
des choux à la crème
une tarte aux pommes

Elles ont fait un chahut si épouvantable que la pauvre *pionne* était débordée.

professeur
surveillante générale
directrice
dame

Elles menacent de se plaindre *à l'économe.*

à la directrice
au professeur
à la direction
à la surveillante générale

On dit que *l'inspecteur* va arriver à l'improviste.

le patron
le chef de section
le directeur
l'économe

VI Exercices d'adaptation

(a) Répondez en vous servant du pronom possessif convenable.

Exemple   Ces enfants ne sont pas comme ceux de Mme
                 Martin.
                 Non, ils ne sont pas comme les siens.

Ce fromage de tête n'est pas aussi bon que celu ide M. Lagrange.

Ces gants ne sont pas aussi chauds que vos gants.

Cette maison n'est pas aussi grande que ma maison.

Ces enfants ne sont pas aussi sages que mes enfants.

Ces élèves ne sont pas aussi doués que mes elèves.

Votre concierge est plus sympathique que celle de notre immeuble.

Cette maison est plus jolie que celle des Lagrange.

Ces livres sont plus intéressants que ceux des Martin.

Cet immeuble est plus grand que votre immeuble.

(b) Ecoutez l'exemple:

Exemple   Je suis là, moi.
              C'est étonnant que je ne l'aie pas entendu rentrer.

Tu es là, toi.

Il est là, lui.

Elle est là, elle.

Nous sommes là, nous.

Vous êtes là, vous.

Ils sont là, eux.

Elles sont là, elles.

13

Au garage

I Conversation

Le mari, la femme et le garagiste

M Cette voiture fait des bruits étranges.

F Oui, et elle a eu de drôles de soubresauts tout à l'heure.

M Le moteur a un ronflement de plus en plus enroué—
qu'est-ce qu'on va faire?

F Il va falloir trouver un garage au plus vite... Il y a
combien de temps que tu n'as pas fait faire la vidange?

M J'ai fait faire une vidange-graissage* la semaine dernière
et une révision générale. Mon oreille me dit que la
dynamo a quelque chose...

F Il faut nous arrêter.

M Pour les soubresauts je crois savoir ce que c'est—une des
bougies* doit être encrassée. Il va falloir la changer—ce
n'est pas grave.

F Ce serait une bonne idée aussi de faire réparer la roue de
secours.

M Tu as raison ... il y a une semaine au moins que je roule
avec une roue de secours crevée. Quand est-ce qu'on a
eu une crevaison? Mercredi dernier?

F Oui, en sortant du cinéma, à onze heures du soir.

M Ah oui, je n'arrivais pas à faire marcher le cric* ni à
dévisser les boulons...

F Et je ne t'ai jamais entendu jurer autant, tu fulminais...

M Il y avait de quoi. C'était dans une rue mal éclairée, je n'avais pas ma lampe de poche, les boulons étaient trop serrés, et il pleuvait…

F Maintenant le bruit s'accentue; mais voilà un garage.

Au garage

M Je ne sais pas ce qu'elle a, cette voiture. Le moteur a des bruits suspects, et quand je passe de première en seconde elle a des soubresauts.

G Je vais voir ça. Vous voulez ouvrir le capot*?

M Le moteur est à l'arrière. Je voudrais vous donner mon pneu de rechange. Il est crevé. Il est dans le coffre à l'avant. Vous pourriez me faire ça?

G Pourvu que vous ne soyez pas trop pressé. Je vais d'abord examiner la voiture. Vous voulez mettre le contact*? Mettez en première maintenant et appuyez sur l'accélérateur.

M Voilà.

G Je vois. Lâchez l'accélérateur maintenant et appuyez sur l'embrayage … le tuyau d'échappement* me semble en mauvais état … il est très branlant … si vous le laissez comme ça vous allez le perdre.

M Je peux vous laisser la voiture?

G Oui, laissez-la-moi. Je ne peux pas vous dire tout de suite ce qui ne va pas … je vais la faire mettre au-dessus de la fosse*.

M Bien, je vous la laisse.

G Est-ce que vous savez que votre batterie est presque à plat?

M Non! Je l'ai fait recharger il y a peut-être un mois … mais elle commence à vieillir.

G Et votre calandre*, qu'est-ce qu'il lui est arrivé?

M Une grosse DS lui est rentrée dedans pendant qu'elle était en stationnement. Tant que vous y êtes, pourriez-vous régler mes phares*?

73

G Oui, mais il faudra que vous vous passiez de voiture toute la semaine. Elle ne sera pas prête avant samedi.

M C'est terrible! Mais si vous ne pouvez pas faire autrement, tant pis. Profitez-en alors pour jeter un coup d'œil sur la direction*, elle est dure, le volant semble tirer d'un côté.

G Entendu.

M Ah!... Et puis vérifiez les freins, s'il vous plaît. Ce sera plus sûr. J'ai fait le plein* dans un garage près de chez moi, et le mécanicien m'a dit que mes freins avaient besoin d'être resserrés*. ← adjust

G Je ferai cela.

M Vous feriez bien aussi de vérifier le niveau d'huile, l'eau dans la batterie, la pression des pneus et...

G Ce n'est pas une semaine qu'il me faudra, c'est un mois alors...

M Ah non, vous avez promis samedi. Je vous la laisse alors?

G Entendu, entendu. Tout sera fait pour samedi.

II Explications

vidange-graissage: c'est vider l'huile ancienne pour la remplacer par l'huile propre dans le moteur, les essieux, la boîte à vitesses etc. quand la voiture a roulé un certain nombre de kilomètres.

bougie: ce qui donne l'étincelle électrique qui fait exploser les gaz du moteur. L'ensemble des bougies est l'allumage.

cric: appareil dont on se sert pour soulever la voiture quand on veut changer les pneus.

capot: partie de la voiture qui se soulève, à l'avant, et sous laquelle le plus souvent est le moteur.

mettre le contact: établir le contact électrique qui permet de faire démarrer la voiture.

embrayage: ce qui permet de changer de vitesse. On appuie sur la pédale d'embrayage pour changer de vitesse.

tuyau d'échappement: tuyau sous l'arrière de la voiture par lequel s'échappent les gaz brûlés.

fosse: trou dans le sol, dans tous les garages, au-dessus duquel on place la voiture. Cela permet au mécanicien d'examiner plus facilement le dessous de la voiture.

calandre: partie chromée à l'avant de la voiture.

phares: ce qu'il faut allumer pour éclairer la route si on voyage de nuit ou dans le brouillard.

direction: le volant et ce qui le relie aux roues.

faire le plein: remplir complètement son réservoir d'essence.

serrage de freins: amoindrir l'espace entre les freins et la surface de frottement.

III Conversation. Version espacée

(*sur la bande seulement*)

IV Exercices de vocabulaire

Répondez, en vous servant du vocabulaire des « explications ».

Exemple   Comment s'appelle l'appareil dont on se sert pour soulever la voiture quand on veut changer les pneus?
C'est le cric.

Qu'est-ce qui donne l'étincelle électrique qui fait exploser les gaz du moteur?

Comment s'appelle la partie de la voiture qui se soulève, à l'avant?

Comment s'appelle le tuyau par lequel s'échappent les gaz brûlés?

Comment s'appelle le trou au-dessus duquel on place la voiture pour permettre au mécanicien de l'examiner plus facilement?

Comment s'appelle la partie chromée à l'avant de la voiture?

Comment s'appelle la pédale sur laquelle on appuie pour changer de vitesse?

Comment s'appelle le volant et ce qui le relie aux roues?

Quelle est la phrase qui signifie « établir le contact électrique pour permettre de faire démarrer la voiture »?

Et celle qui signifie « remplir complètement son réservoir d'essence »?

V Exercices de substitution

Faites les substitutions:

Il va falloir trouver *un garage* au plus vite.
une pompe à essence
un mécanicien
une nouvelle bougie
une batterie
une roue de secours

Il y a combien de temps que tu n'as pas fait faire *une vidange-graissage*?
une révision générale
un serrage de freins
un lavage complet

Il y a une semaine au moins que je roule avec *une roue de secours crevée*.

des bougies encrassées
une dynamo qui a quelque chose

un cric que je n'arrive pas à monter
un tuyau d'échappement en mauvais état
un volant qui semble tirer d'un côté

Vous feriez bien de vérifier *le niveau d'huile.*

la pression des pneus
l'eau dans la batterie
les bougies
la direction
l'embrayage

Profitez-en pour *jeter un coup d'œil sur la conduite.*

régler les phares
resserrer les freins
faire mettre la voiture au-dessus de la fosse
réparer la calandre
recharger la batterie

Tant que vous y êtes, pourriez-vous *régler mes phares* ?

réparer ce pneu crevé
faire une vidange-graissage
remplir le réservoir
remplacer le tuyau d'échappement
jeter un coup d'œil sur l'embrayage et les freins

VI Exercices d'adaptation

Changez la forme de ces phrases en utilisant l'expression
« Il y a … que » :

Exemple   Je roule depuis une semaine sans roue de secours.
             Il y a une semaine que je roule sans roue de
             secours.

La voiture fait des bruits étranges depuis plus d'un mois.

La dynamo ne marche pas très bien depuis une quinzaine de jours.

Les bougies sont encrassées depuis trois mois environ.

La voiture est au garage depuis dix jours.

Dans les phrases suivantes, remplacez la conjonction « si » par « pourvu que ». Mettez le verbe au subjonctif.

Exemple   Je vais faire ça si vous n'êtes pas trop pressé.
           Je vais faire ça pourvu que vous ne soyez pas trop pressé.

Je vais faire ça si vous pouvez attendre.

Je vais faire ça si vous voulez bien attendre.

Je vais faire ça si vous réglez votre compte.

Je vais faire ça si je peux le faire demain.

14

Les courses du samedi après-midi

I Conversation

Le mari, la femme et la caissière

M On y va?

F Allons-y. Tu as le panier à roulettes?

M Oui, mais tu aurais quand même pu graisser les roues. On ne risque pas de passer inaperçus avec ce panier. Il grince plus que la vieille poussette rouillée d'Isabelle.

F C'est très utile dans les magasins. On m'entend venir de loin et on me cède la place. Je peux faire mes courses tranquillement, sans coups de coudes et sans être bousculée de tous les côtés. D'ailleurs, même dans la rue, tout le monde me fait place et me laisse passer. C'est mieux qu'un klaxon.

M Tout ce long préambule, c'est pour me préparer à la bousculade du samedi après-midi, n'est-ce pas? Je ne vois pas pourquoi tu me traînes avec toi. Ce n'est pas comme si tu avais des paniers lourds à porter. Avec ton panier à roulettes tu pourrais te débrouiller* toute seule.

F Oui, mais le panier à roulettes a une fâcheuse tendance à se remplir trop vite. J'ai deux filets dans mon sac que tu pourras porter. Comme ça tu ne te sentiras pas inutile.

M Ah, tu me rassures.

———

F Autant acheter ici les fruits et les légumes. D'abord des

pamplemousses et des poivrons … et puis je pourrais aller du côté des fromages pendant que tu…

M Si tu crois que je vais te laisser seule acheter le fromage ! Tu y serais encore la semaine prochaine ! Je te trouverais une douzaine de camemberts coulants dans une main et trois fromages de chèvre dans l'autre, en train d'hésiter et de te demander si tu en avais pris assez. On aurait sûrement assez de fromage pour un mois, mais pas de rôti dimanche.

F Tu me permets quand même de prendre un « Caprice des Dieux »* pour demain ? C'est exactement ce qu'il te faut. Ah, des yaourts, des « vrai goût bulgare » !

M J'espère que tu achètes un kilo de sucre avec. Je ne sais pas comment tu peux avaler ça. Ils sont tellement acides qu'ils font grincer les dents.

F Je prends les surgelés*, puis nous irons au rayon des conserves. Du cabillaud* et des coquilles St Jacques* surgelés … les escalopes de veau* ont l'air belles aussi… Maintenant de ce côté-là … une grosse boîte de petits pois extra-fins, une boîte de cœurs de céleri, une boîte de soupe au pistou* et une de bisque* d'écrevisse … ou est-ce tu préfères la bisque de homard ? … une boîte de lait Mont-Blanc en cas de flemme* aiguë dimanche matin.

M Ça c'est une excellente idée. Je ne serais pas obligé de me lever tôt pour aller chercher un berlingot* de lait frais, et puis tu sais bien « lait Mont-Blanc…

M, F Beaux enfants ! ! ! »

F Du café en grains ou moulu ? Et du Nescafé pour les matins où nous serons en retard. Tu tiens au goût brésilien ? Il est plus cher et pas meilleur… Et maintenant il ne nous reste plus que le dentifrice et le savon au rayon de la parfumerie. Qu'est-ce que tu veux aujourd'hui ? Super-dentifrice Colgate « Dents blanches, haleine fraîche » ou est-ce qu'on fait un extra et on prend « Fraîcheur picotante » ? Et une savonnette Palm-olive pour « garder ce teint de jeune fille ». Prends deux bouteilles d'huile Lesieur en passant, veux-tu ?

A la caisse

M C'est le moment de sortir tes deux filets. Les bouteilles d'huile ont beau être* en plastique, elles pèsent quand même lourd. Je doute maintenant qu'un billet de 50 francs suffise. Heureusement, c'est le début du mois. La dernière semaine il faudra probablement manger de la morue* matin et soir, à moins que tu ne veuilles dépenser l'argent des vacances.

C La caisse enregistreuse est bloquée, Madame. Ça ne vous ferait rien de passer à côté ?

———

C (*A coté*). Cinquante francs vingt.

F Je me doutais bien que tu n'aurais pas assez de 50 francs.

C Vous n'auriez pas vingt centimes, Madame ? Je n'ai plus de monnaie.

M Je les ai.
A nous voir si chargés, est-ce qu'on ne croirait pas que nous avons à nourrir un bataillon pendant trois semaines ?

F Et pourtant, tu paries que dimanche soir nous aurons tout mangé ?

M Je n'en doute pas malheureusement. Tu as des ogres pour enfants. Quoi qu'on leur donne à manger, ils n'en ont jamais assez.

F C'est vrai. Tu verras, quand ils rentreront il ne leur faudra pas plus d'une demi-heure pour faire un sort* au fromage de chèvre … à moins qu'ils ne choisissent de finir le gâteau que j'ai fait pour le dessert de ce soir. Et ce ne sera que leur goûter !

M Que veux-tu. Comme dit ta mère, ils sont en pleine croissance.

F Tu parles! Je ne doute pas qu'ils aient besoin de manger beaucoup, mais je crois qu'ils sont surtout gourmands, ces petits démons!

M Tiens! C'est une chance—l'ascenseur marche, par extraordinaire.

II Explications

se débrouiller: arriver à faire quelque chose.

Caprice des Dieux: marque de fromage qui ressemble au Camembert. (Avoir des caprices signifie avoir envie de faire des choses brusquement et sans raison.)

surgelés: aliments conservés à très basse température.

cabillau(d): poisson de chair blanche et insipide.

coquilles St Jacques: très grosses coquilles au goût très délicat qu'on trouve surtout au bord de l'Atlantique.

escalopes de veau: veau coupé en tranches très minces.

pistou: herbe aromatique qu'on trouve surtout dans le Sud de la France. Il s'appelle aussi le basilic.

bisque: soupe d'écrevisses ou de homard seulement.

avoir la flemme: se sentir très paresseux.

berlingot de lait: un berlingot est une boîte en carton à quatre faces triangulaires dont on se sert pour les liquides. Les bonbons de cette forme s'appellent des berlingots.

Elles ont beau être: bien qu'elles soient. « Avoir beau » s'emploie également avec d'autres verbes, par exemple: J'ai beau essayer, je n'y arrive pas. (Malgré tous mes efforts je n'y réussis pas.)

faire un sort (à un fromage etc.): le manger presque entièrement.

morue: le cabillau(d) séché.

III Conversation. Version espacée

(sur la bande seulement)

IV Exercices de vocabulaire

Répondez, en vous servant du vocabulaire des « explications ».

Exemple   Il arrive à le faire.
            Oui, il se débrouille.

C'est un fromage qui ressemble au camembert.

Ce sont des aliments conservés à très basse température.

Ce sont de très grosses coquilles.

C'est du cabillaud séché, n'est-ce pas ?

C'est du veau coupé en tranches très minces.

Le pistou a un autre nom, n'est-ce pas ?

Je me sens très paresseux.

On peut acheter le lait dans une boîte en carton, n'est-ce pas ?

Malgré tous mes efforts, je n'y réussis pas.

V Exercices de substitution

Faites les substitutions:

Autant acheter *les fruits* ici.

les légumes
les surgelés
les fromages
le savon

Tu me permets quand même de prendre un *Caprice des Dieux*.

un camembert croulant
un fromage de chèvre
des coquilles St Jacques
un yaourt goût bulgare

Il ne leur faudra pas plus d'une demi-heure pour faire un sort
au gâteau.

au fromage
au pain
au dessert
à la bisque de homard

Tu aurais quand même pu *graisser les roues*.

prendre les filets
acheter le fromage
aller au rayon des conserves
aller chercher les bouteilles d'huile

Prends *deux bouteilles d'huile* en passant, veux-tu?

des pamplemousses
une boîte de petits pois
une boîte de lait Mont-Blanc
des escalopes de veau

VI Exercices d'adaptation

(a) Ajoutez la phrase: Je doute que…

Exemple   Un billet de cinquante francs suffit.
             Je doute qu'un billet de cinquante francs suffise.

Les pamplemousses sont bonnes.

Il choisit les fromages.

Elle va au rayon des conserves.

Ils font un sort à ce gâteau-ci.

(b) Utilisez la phrase: Je viendrai à moins que ... ne

Exemple   J'en suis empêché.
Je viendrai à moins que je n'en sois empêché.

Il pleut.

Elle arrive à midi.

Il fait trop froid.

La voiture est en panne.

(c) Ajoutez la phrase: Je me doute bien... (le verbe reste à l'indicatif)

Exemple   Il a assez d'argent.
Je me doute bien qu'il a assez d'argent.

Il viendra demain matin.

15

Les vacances

I Conversation

Le mari et la femme

M As-tu décidé ce que tu voudrais faire pour les vacances?

F Non. Mais du moment que tu ne me demandes pas d'aller à la montagne, en Bretagne ou sur une plage du Nord, tu peux m'emmener où tu voudras.

M Je vois—tu me laisses le choix! Mais comme la Côte d'Azur est hors de question, qu'on ne peut pas aller à l'étranger cette année et que tu n'aimes pas vraiment la côte atlantique, il ne nous reste pas grand'chose. L'Auvergne*, peut-être? Il paraît qu'on y trouve des locations très raisonnables—sans eau ni électricité, bien sûr—le retour à la nature—mais le calme complet. Ou bien Palavas-les-Flots* et les moustiques?

F Tout ce que je veux, c'est la mer et le soleil.

M Tu refuserais donc catégoriquement d'aller à la montagne? Tu sais bien, l'air pur pour les enfants...

F Oh oui. Tu sais bien que j'ai horreur des escalades*, d'avoir à grimper tout le temps.

M Autrement dit, tu es bien décidée à n'aller que sur une plage du Sud ... c'est à dire être assourdie du matin au soir par les chansons à la mode et avoir des gens autour de toi qui sont obligés d'enjamber* ton corps pour arriver jusqu'à l'eau.

F Nous trouverons un coin tranquille. Arriverais-tu à l'âge des cures? Si nous allions à Vittel, à Evian ou à

Vichy* pour une cure de « détente intégrale » ? C'est tout à fait ce qu'il faut à des intellectuels fatigués. Et, après ta cure, tu ne te plaindras plus de ton foie, tu pourras manger du cassoulet* et de la choucroute*. Tu feras de l'équitation, et moi je pourrai mettre une capeline et faire du bateau sur l'Allier, et porter ma robe du soir pour aller au casino. Nous aurons pour voisins de table un employé de banque à la retraite et sa femme qui boiront religieusement leur petit verre d'eau avant de commencer leur repas. Nous nous retrouverons à la source-fontaine à heures régulières. Nous nous joindrons à eux pour critiquer la qualité de la nourriture, et nous rouspéterons* en chœur. Il nous décrira en détail les merveilleux repas qu'on pouvait faire pour presque rien, juste avant la guerre, quand il y venait avec son père.

M Non, je crois qu'on n'a pas encore atteint l'âge des cures thermales. Ce sera donc la Méditerranée. Allons-nous nous mettre entre les mains d'une agence immobilière* ? Aucune d'elles ne m'inspire confiance. Ils écrivent « belle villa, vue sur la mer, à 500 mètres de la plage » et tu trouves une bicoque* en ruines avec pour jardin une brousse*, et bien à 500 mètres de la mer à vol d'oiseau, mais à quelques kilomètres par de mauvais chemins à pied. Quant à voir la mer de la villa, si on monte sur le toit on peut apercevoir un petit carré d'eau ! On ne peut pas leur faire confiance. Mais d'autre part faire un voyage exprès* pour aller sur place examiner la villa reviendrait assez cher. Si nous faisions du camping ?

F Les terrains de camping sont souvent mal tenus et surpeuplés, mais je veux bien essayer, pour être près de la mer. Mais je sais ce qui arrivera : je passerai des heures à faire la cuisine sur un minuscule fourneau à butane. Tu grogneras parce que la tente sera en désordre, mais tu ne feras pas le moindre effort pour ranger tes affaires.

Nous ne saurons pas monter notre tente convenablement et le moindre souffle de vent l'emportera. Pour la première fois, je crois qu'il serait plus prudent d'essayer d'emprunter le matériel de camping, qui est souvent d'un prix inabordable.

M Oui, et tu sais comment sont les enfants en voiture. Après 50 kilomètres ils commencent à demander si nous serons bientôt arrivés. Et comme il sera difficile en août de faire plus de 50 à l'heure sur la route, nous mettrons trois jours pour arriver à la mer.

F Tu sais quoi? Si nous restions chez nous?

II Explications

Auvergne: partie ouest du Massif Central. Région sauvage et montagneuse.

Palavas: petite station balnéaire populaire de la Méditerranée tout près de Montpellier.

escalade: l'ascension d'une petite hauteur.

enjamber: passer en marchant par dessus un obstacle.

Vittel, Evian, Vichy: trois grandes stations thermales. Vichy est sur l'Allier.

cassoulet: ragoût de haricots blancs et de viande de porc. Spécialité de la région toulousaine.

choucroute: spécialité alsacienne de chou haché et fermenté qu'on fait cuire avec du porc et des saucisses.

rouspéter: se plaindre à grands cris.

Une agence immobilière: s'occupe de la vente et de la location de maisons, d'appartements ou de villas.

bicoque: une petite maison délabrée.

brousse: région sauvage à la végétation désordonnée. Ici, étendue de broussailles, de buissons et de mauvaises herbes.

exprès: à dessein, volontairement, dans un but précis.

III Conversation. Version espacée
(*sur la bande seulement*)

IV Exercices de vocabulaire

Répondez en vous servant du vocabulaire des «explications».

Exemple   C'est une région sauvage et montagneuse du
              Massif Central.
              Oui, c'est l'Auvergne.

C'est une petite station balnéaire populaire de la Méditerranée
    tout près de Montpellier.

C'est un ragoût de haricots blancs et de viande de porc.

C'est une spécialité alsacienne de chou haché et fermenté
    qu'on fait cuire avec du porc et des saucisses.

C'est un bureau qui s'occupe de la vente et de la location de
    maisons, d'appartements et de villas.

C'est une petite maison délabrée.

Il l'a fait dans un but précis.

Ce sont trois grandes stations thermales.

Il s'est plaint à grands cris.

C'est l'ascension d'une petite hauteur.

V Exercices de substitution

Faites les substitutions:

Apparently

Il paraît qu'on y trouve *des locations raisonnables*.

des terrains de camping mal tenus et surpeuplés

la tranquillité et le repos
des agences immobilières excellentes
de très mauvais chemins

Quant à voir la mer de la villa, si on monte sur le toit, on
peut apercevoir *un petit carré d'eau.*

des bicoques en ruine
des terrains de camping
des plages bondées crowded
des gens qui sont obligés d'enjamber leurs voisins pour
arriver jusqu'à l'eau

Faire un voyage exprès pour aller sur place examiner *la villa
à louer* reviendrait assez cher.

les terrains de camping
les plages
le matériel de camping
la qualité de la nourriture

Tout ce que je veux c'est *la mer et le soleil.*

des prix abordables
la tranquillité et le repos
des locations raisonnables
du cassoulet et de la choucroute

Tu grogneras parce que *la tente sera en désordre.*

tu seras obligée de faire la cuisine sur un minuscule fourneau
à butane
nous aurons la pluie un jour sur deux
nous aurons le froid le reste du temps
nous trouverons difficile en août de faire plus de 50 kilomètres à l'heure.

VI Exercices d'adaptation

(a) Joignez les phrases en utilisant « comme … et que »

Exemple   Il fera beau. Nous aurons plus de liberté. Nous
ferons du camping.

Comme il fera beau et que nous aurons plus de
liberté, nous ferons du camping.

Les locations sont raisonnables. Il y a le calme complet.
Nous irons en Auvergne.

Le matériel est souvent d'un prix inabordable. Nous avons
des amis qui font du camping. Nous l'emprunterons.

Aller sur place examiner la villa reviendrait assez cher.
Nous n'avons pas trop d'argent. Nous ne la prendrons
pas.

Les enfants ne sont pas très sages en voiture. Les routes sont
très congestionnées. Nous mettrons trois jours pour
arriver à la mer.

(b) Joignez les phrases en utilisant « quand … et que »

Exemple   Nous arriverons. Tu verras la villa. Tu seras
plus contente.

Quand nous arriverons et que tu verras la villa
tu seras plus contente.

Il pleuvra chaque jour. La tente sera toujours en désordre.
Tu te plaindras.

Les gens seront obligés de t'enjamber pour arriver à la mer.
Tu n'entendras que des chansons à la mode. Tu grogneras.

Nous nous joindrons à eux pour critiquer la qualité de la
nourriture. Nous rouspéterons en chœur. Nous serons
de vrais amis.

Tu seras obligé de monter une longue pente raide pour aller
au village. Tu verras les mauvais chemins. Tu auras
horreur de la montagne.

16

Un repas exceptionnel

I Conversation

Deux gourmets et le garçon

A Demain je t'emmène faire un vrai grand repas dans un bon restaurant.

B Allons dans un de ces petits bistrots* inconnus des touristes, tu sais un de ceux que *Mon Oncle*, *Ma Tante* ou *Cousine Ursule* recommande chaque semaine dans tous les hebdomadaires. Ils ont des noms comme *Chez Jules*, *Au petit Périgord* ou *Chez Nénette*. On peut s'en tirer à moins de trente francs* par tête de pipe*.

A Justement je connais un petit restaurant béarnais—ils ne font que des spécialités béarnaises, landaises et basquaises et leurs galantines* sont les meilleures de Paris.

B Mm—ça m'en donne l'eau à la bouche... On ne pourrait pas y aller aujourd'hui?

A Quoi, maintenant? Tout de suite?

B Pourquoi pas! Il n'est pas si tard.

A Tu as raison, et c'est seulement à la Motte-Picquet*. Nous y serons en dix minutes en métro. C'est direct, nous n'avons pas à changer.

B Qu'est-ce que tu attends alors? Allons vite ... je meurs de faim!

Devant le restaurant

B « En Béarn »... c'est là? La façade découragerait

plutôt la clientèle, mais c'est joli à l'intérieur. J'aime bien
ce décor vieillot, les grosses poutres apparentes...

Devant la carte

B ... mais ce que j'aime encore mieux c'est le menu ...
regarde ça, mais regarde! La terrine truffée* du chef, le
jambonneau* chaud, du boudin blanc*, des andouil-
lettes*...

A et des galantines* de toutes sortes ... qu'est-ce que tu vas
prendre?

B Je ne sais pas—et toi, qu'est-ce que tu vas prendre pour
commencer? J'aime beaucoup les cochonnailles*, mais il
y a aussi des cœurs de palmier* en salade ... et d'autre part
regarde la suite du menu ... il faut garder assez d'appétit
pour manger autre chose. Regarde, mais regarde—il y a
l'entrecôte à la moëlle*, le bœuf à la ficelle...

A ... des tripes béarnaises, des cèpes* frais, des foies de
canard, du confit d'oie ... qu'est-ce que tu prends?

B Je ne sais pas—et toi, qu'est-ce que tu prends?

A Mais ce n'est pas encore fini! Regarde les poissons: la
lamproie* Bordelaise, la baudroie* à l'armoricaine*...
Qu'est-ce que tu prends?

               (le garçon arrive)

G Messieurs?

B Hein, voyons, je n'ai pas encore fini de regarder la carte
... rillettes* d'oie, galantine de faisan... Du foie gras?

A Non, pas de foie gras ... on peut en manger partout.

G Ces messieurs ont choisi?

A Euh ... euh ... je prendrai les hors d'œuvres variés.

G Et pour vous, Monsieur?

B La même chose.

G Et pour la suite?

A Qu'est-ce que tu prends?

B Je ne sais pas … et toi, qu'est-ce que tu prends ? (*au garçon*) Qu'est-ce que vous avez comme légumes ?

G Des céleris, des asperges à la crème, des têtes d'artichauts en « nids d'hirondelles », des haricots verts sautés, des pommes de terre évidemment.

A Les asperges n'iraient pas avec du confit d'oie … une entrecôte à la moëlle peut-être, avec des haricots verts ?

G Oui ?

B Je prendrai un bifteck. Vous n'avez pas de bifteck ?

G Si, bien sûr, Monsieur. Un tournedos*?

B Oui, c'est ça, un tournedos.

G Pommes frites ?

B Oui, oui, pommes frites.

G Sauce béarnaise ?

B Oui, oui, c'est ça, sauce béarnaise.

G Et vous Monsieur, de même ?

A Oui, oui, la même chose. Ça ira très bien.

G Qu'est-ce que vous prendrez comme vin ?

A Voyons … le Jurançon*, le Madiran* rouge et le Tursan*, le … le Moulin à Vent* est d'une bonne année… Qu'en penses-tu ?

B Je ne sais pas… Qu'en penses-tu ? … hein … Donnez-nous un demi de rosé.

G Un pichet* de rosé du Béarn ?

A Oui, c'est ça … du rosé du Béarn.

G Et pour le dessert je vous recommande la tarte maison.

A Très bien, nous prendrons la tarte maison.

B C'est ça, c'est ça, la tarte maison.

II Explications

bistrot: petit café de quartier, à l'origine sans prétention. Si on y sert à manger, c'est souvent le patron qui fait la cuisine. Il y a souvent un parti-pris de simplicité coûteuse.

On peut s'en tirer (ou s'en sortir) à moins de trente francs: il se peut qu'en faisant très attention on arrive à ne pas payer plus de trente francs.

par tête de pipe: familier: par personne.

La Motte-Picquet: station de métro et quartier de Paris.

terrine truffée: sorte de pâté cuit au four dans un plat de terre (qui s'appelle aussi terrine) et garni de truffes.

jambonneau: petit jambon, partie basse de la cuisse du porc.

boudin blanc: genre de saucisse blanche faite de farine et de viande de porc hachée très finement.

andouille, andouillette: sorte de saucisse blanche faite de morceaux grossièrement hachés d'estomac et d'intestin de porc.

galantine: pâté en gelée.

cochonnailles: assez familier—toute la charcuterie, tout ce qu'on peut faire avec le porc.

cœurs de palmiers: le centre, les feuilles tendres et blanches d'un tout jeune palmier.

entrecôte à la moëlle: la moëlle est la substance qu'on trouve à l'intérieur d'un os. On fait griller une des côtes moyennes d'un bœuf et on la garnit de moelle chaude.

cèpes: une certaine espèce de champignons.

lamproie, baudroie: poissons de l'Atlantique à la chair blanche très fine.

sauce armoricaine (à l'armoricaine): sauce très relevée, piquante. On la prépare, entre autres choses, avec beaucoup d'épices, de l'ail, des tomates, ... du piment de Cayenne et du cognac. Le nom est quelquefois déformé en « sauce américaine » et on entend dire « la langouste à l'américaine ».

rillettes: pâté de porc ou d'oie haché très finement et cuit au four.

tournedos: bifteck dans le filet coupé très épais.

Jurançon: vin du Jura.

Madiran, Tursan, Moulin à Vent: vins régionaux. Le
 dernier est très réputé.

pichet: une carafe en terre.

III Conversation. Version espacée
   (*sur la bande seulement*)

IV Exercices de vocabulaire

Répondez en vous servant du vocabulaire des «explications».

Exemple   C'est un petit café de quartier.
             Oui, c'est un bistrot.

C'est un journal qui paraît chaque semaine.

Il y a une expression familière qui signifie « par personne ».

C'est un pâté cuit au four dans un plat de terre et garni de
 truffes.

C'est un petit jambon.

C'est une saucisse blanche faite de farine et de viande de porc
 hachée très finement.

C'est une saucisse blanche faite de morceaux grossièrement
 hachés d'estomac et d'intestin de porc.

C'est une côte moyenne de bœuf grillée et garnie de moëlle
 chaude.

Ce sont deux poissons de l'Atlantique à la chair blanche très
 fine.

C'est un pâté en gelée.

96

V Exercices de substitution

Faites les substitutions:

On peut s'en tirer *à moins de trente francs par tête de pipe.*

sans trop de peine
sans payer trop cher son repas
assez facilement avec un peu de patience et de bonne volonté

Ce que j'aime encore mieux c'est *le menu.*

ces petits bistrots inconnus des touristes
l'intérieur avec son décor vieillot et ses poutres apparentes
la terrine truffée du chef
un pichet de rosé du Béarn

La façade découragerait plutôt la clientèle.

Le rosé du Béarn
La tarte maison
Le boudin blanc
Le bifteck

Je n'ai pas encore fini de *regarder la carte.*

lire la liste des vins
commander mon repas
boire mon pichet de rosé
manger mes hors d'œuvres
choisir mon dessert

Qu'est-ce que vous prendrez comme *hors d'œuvres*?

viande
légumes
boisson
dessert

VI Exercices de vocabulaire supplémentaires

(a) Expliquez les mots suivants:

Exemple   Hebdomadaire. Un hebdomadaire est un journal
qui paraît chaque semaine.

Quotidien.

Mensuel.

Trimestriel.

(b) Répétez ces definitions:

Un gourmet est un homme qui a des goûts raffinés en ce qui
concerne la bonne chère.

Un gourmand est un homme qui aime avec excès la nourriture.

Un garçon est un serveur de café ou de restaurant.

Le patron est le propriétaire d'un restaurant ou d'un café.

La carte est la liste des plats offerts dans un restaurant.

(c) Remplacez ces phrases par un seul mot:

Exemple   Boisson consommée avant un repas pour
stimuler l'appétit: apéritif

Menus mets servis au début d'un repas

Boisson alcoolisée qu'on consomme souvent après un repas

Note de dépense présentée à un client à la fin d'un repas

Dernier plat d'un repas

17

La publicité

I Conversation

Deux étudiants

E1 Que fais-tu? Ne me dis pas que tu lis même les réclames dans ce journal?

E2 Oui, toujours. Les réclames sont ce qu'il y a de plus amusant. Et puis la publicité me fascine.

E1 Pas les réclames de dentifrice, quand même?

E2 Non, ce sont surtout les réclames de voitures et d'appartements qui m'amusent le plus. Leur style est tout à fait particulier.

E1 J'espère que ceux qui les écrivent ne se prennent pas au sérieux.

E2 Mais ceux qui les lisent s'y laissent prendre, consciemment ou inconsciemment.

E1 Sans doute, puisqu'on continue à dépenser des millions en publicité. Il faut croire que ça sert à quelque chose.

E2 La flatterie est l'arme maîtresse. Ecoute ça. On ne vend ces appartements-là qu'à ceux qui ont des lettres et qui peuvent apprécier les mérites d'un style élevé et brumeux...

E1 Où est-ce? Ah, la «Résidence Dauphine»... Ce n'est plus une maison, c'est une «Résidence»!

E2 Oui... «où le savoir-vivre du dix-huitième siècle s'exprime par un confort issu des infinies possibilités de notre temps»!

E1 « Les fenêtres ouvrent sur un parc planté d'arbres séculaires*... » Que dis-tu de cela ? Ce n'est plus de la publicité, c'est de la poésie !

E2 Attends, attends, ce n'est pas fini... « Les parquets en chêne massif à lames posées à l'anglaise, mettent les tapis en valeur. Un vestiaire pour invités... » Nous comprenons que pour ceux qui achètent un appartement pareil...

E1 Ce n'est pas un appartement, c'est l'Elysée*.

E2 Tais-toi... « Les réceptions vont de soi... Cuisine d'hôtel particulier, avec office*. Tout y est calculé pour recevoir une batterie de cuisine* pour grands dîners, depuis la turbotière* et le chinois* jusqu'aux boîtes à épices. »

E1 Je me demande comment on peut vivre sans turbotière et sans chinois.

E2 On ne peut pas, si on fait partie de cette classe supérieure qui seule peut prétendre à de tels appartements.

E1 Et encore... « Dans ce living spacieux ou on n'imagine qu'un mobilier estampillé* par les grands ébénistes*...»

E2 Ah, là il y a des photos... C'est une autre compagnie... « Appartements en co-propriété... Clés en main à des prix fermes et définitifs.»

E1 Et encore d'autres... « Vendus sur plan » ... « grand standing »...

E2 Mais voilà ce que je voulais te montrer. C'est une réclame pour Alfa-Roméo.

E1 « Non, cette tranquille assurance ne s'achète pas.»

E2 Tu remarques l'allure des deux bonshommes sur la photo ?

E1 Oui, j'ai remarqué « cette confiance en soi, cette manière d'être à la fois passionné et sage, cette décontraction naturelle...»

E2 « C'est le savoir-vivre Alfa...»!

E1 « Nous regrettons de ne pouvoir vous le vendre. Nous
ne vendons que la voiture, pas le style. »

E2 Pour le style ... on naît comme ça.

E1 Je ne vois pas exactement où ils veulent en venir.

E2 C'est simple: Vous ne pouvez avoir la classe, ayez au
moins la voiture... Encore une fois, c'est une question
de standing.

E1 Oui... Jetez de la poudre aux yeux ... faites envie à vos
amis...

E2 Et puis voilà ce que tu porteras quand tu seras un P.D.G.

E1 Un quoi?

E2 Un Président-Directeur-Général. Parce que si tu n'es
pas encore un P.D.G., tu pourrais l'être ou tu vas
l'être... En tout cas, avec ce costume on te prendra pour
un P.D.G., ce qui est le principal.

E1 Oui. Eh bien, je crois que je serai quand même avocat,
si cela ne te fait rien!

II Explications

séculaire: littéralement, âgé d'un ou de plusieurs siècles.
Par extension, très ancien.

l'Elysée: résidence du président de la République française.

office: partie d'une maison où l'on range tout ce qui dépend
du service de la table.

batterie de cuisine: ensemble des ustensiles de métal
employés dans une cuisine.

turbotière: récipient de forme particulière pour faire cuire
des turbots, sorte de poisson plat.

chinois: sorte de passoire, de forme conique, employée pour
faire des purées très fines.

estampillé: qui porte la marque, le cachet d'un artisan ou
d'une usine (ou de la poste).

ébéniste: menuisier qui fabrique des meubles de luxe.

III Conversation. Version espacée
(*sur la bande seulement*)

IV Exercices de vocabulaire

(a) Répondez, en employant le vocabulaire des «explications».

Exemple   Ce sont des arbres très anciens, n'est-ce pas ?
             Oui, ce sont des arbres séculaires.

C'est la résidence du président de la République, n'est-ce pas ?

C'est la partie de la maison où l'on range tout ce qui dépend du service de la table, n'est-ce pas ?

C'est l'ensemble des ustensiles de métal employés dans la cuisine, n'est-ce pas ?

C'est un récipient où on fait cuire des turbots, n'est-ce pas ?

C'est une sorte de passoire fine, de forme conique, employée pour faire des purées, n'est-ce pas ?

Ce sont des meubles qui portent la marque de l'ouvrier qui fabrique des meubles de luxe, n'est-ce pas ?

(b) Exprimez ces phrases d'une façon différente en vous servant du vocabulaire utilisé dans la conversation.

Exemple   Les réclames sont la partie la plus amusante.
             Les réclames sont ce qu'il y a de plus amusant.

Il faut croire que c'est utile.

La flatterie est la ressource principale.

Ceux qui les lisent en sont les dupes qu'ils le sachent ou pas.

On te prendra pour un PDG, ce qui est le plus important.

Il viendra malgré tout.

Je trouve impossible de considérer cela comme important.

Je ne sais pas ce qu'ils essayent de faire.

J'irai, si cela t'est égal.

V Exercices de substitution

Faites les substitutions:

Je me demande comment on peut vivre sans *turbotière et chinois*.

un parc planté d'arbres séculaires
des parquets qui mettent les tapis en valeur
un appartement de grand standing
un living spacieux
cette confiance en soi
cette décontraction naturelle

Ils font partie de cette classe supérieure qui seule peut prétendre à *de tels appartements*.

un niveau de vie si élevé
cette tranquille assurance qui ne s'achète pas
l'allure des bonshommes sur la photo

Il faut croire *que cela sert à quelque chose*.

qu'ils se prennent au sérieux
qu'ils s'y laissent prendre
que leur style est tout à fait particulier
que la flatterie est l'arme maîtresse
qu'ils regrettent de ne pouvoir nous le vendre
qu'ils essayent de nous jeter de la poudre aux yeux
que c'est une question de standing
qu'on le prendra pour un homme important
que les réceptions vont de soi

Ceux qui les lisent s'y laissent prendre.

Les lecteurs
Les clients éventuels
Même ceux qui les écrivent
Ceux qui cherchent le standing

Les réclames sont ce qu'il y a *de plus amusant*.

de plus intéressant
de plus poétique
de plus ennuyeux
de plus rusé
de plus bizarre
de plus persuasif

VI Exercices d'adaptation

Répétez cet extrait en mettant le verbe à la deuxième personne du pluriel.

Si tu n'es pas encore un P.D.G., tu pourrais l'être ou tu vas l'être… En tout cas, avec ce costume on te prendra pour un P.D.G., ce qui est le principal.

18

H.L.M. et grands ensembles

I Conversation

Etudiant étranger ; assistante sociale*

E Je prépare une licence de français. Je suis en troisième année, et nous sommes obligés de passer la troisième année en France. Nous devons rédiger un mémoire, une courte thèse, sur un sujet que nous choisissons, et j'ai choisi de faire quelque chose sur la famille française.

AS Et bien sûr, on ne peut parler de la famille française sans parler du problème du logement.

E Et on ne peut étudier ce problème sans connaître les H.L.M.* On m'a adressé à vous parce que vous vous occupez d'un des grands ensembles de Paris.

AS Vous êtes déjà allé vous promener du côté de Sarcelles*?

E Non, mais en rentrant à Paris par le train l'autre soir, j'ai aperçu cette « forêt de béton ». Il se peut que l'intérieur soit agréable, mais l'aspect extérieur est effrayant.

AS Vous trouveriez sans doute ces appartements étouffants. Les pièces sont très petites, les plafonds bas et les murs minces, mais pour la plupart des familles qui y habitent, c'est une immense amélioration.

E Est-ce qu'il est difficile d'obtenir un appartement dans un de ces ensembles?

AS Il y a des passe-droits*, évidemment, comme partout. Si vous êtes pistonné* on vous donne un appartement tout de suite … sinon…

E   Vous restez sur la liste d'attente des années?

AS Certains ont vécu avec de jeunes enfants, pendant des mois et des mois, dans une chambre d'hôtel sans possibilité de cuisine.

E   Comment est-ce possible?

AS Ils faisaient la cuisine en cachette sur un réchaud à alcool ou à pétrole, risquant de se faire mettre à la porte à tous moments.

E   Un appartement dans un H.L.M. c'est le grand luxe après cela.

AS Oui. On y a relogé aussi les familles qui habitaient des bidonvilles * ou des immeubles insalubres qu'on démolit. Il y a aussi beaucoup de rapatriés d'Afrique du Nord … et tous, quand on leur accorde un appartement, sont si heureux d'avoir enfin un toit qu'ils croient tous leurs problèmes résolus, mais…

E   Après quelque temps ils trouvent la vie trop triste dans ces cages?

AS Il y a ça. Parce que malgré ces milliers de familles qui vivent ensemble, la vie n'a aucun caractère communautaire.

E   On m'a dit qu'il y a des voisins de palier qui ne se connaissent que pour se dire bonjour quand ils se rencontrent dans les ascenseurs.

AS Oui, c'est vrai. Et à ce problème-là viennent s'ajouter des problèmes financiers.

E   Comment cela? Je croyais les loyers modérés.

AS Ils le sont relativement. Pourtant, certaines familles habitaient des immeubles délabrés, mais payaient un loyer minime, alors que dans un H.L.M. les loyers sont de 150 francs à 250 francs par mois pour un quatre-pièces. Et les dépenses initiales posent des problèmes.

E   Comme par exemple?

AS Eh bien, on leur demande de payer un mois de loyer

d'avance, plus 140 francs pour l'ouverture des compteurs de gaz et d'électricité, plus une certaine somme de caution*.

E Qu'on leur rend s'ils partent?

AS En principe oui, mais quand ils partent on fait un inventaire et il y a toujours des travaux à effectuer. Quand la somme nécessaire a été déduite de la caution, il ne reste rien. Presque toujours il y a aussi les meubles à acheter.

E Les meubles?

AS Oui. On n'a pas le droit de faire rentrer un mobilier vétuste dans un H.L.M. Ces immeubles appartiennent à la municipalité, et ils veulent des garanties pour le cas où les gens ne payeraient pas leur loyer. C'est comme ça que les locataires arrivent à acheter à crédit et à s'endetter ... pour les choses indispensables d'abord, puis pour un frigidaire et un poste de télévision.

E Dont ils pourraient bien se passer.

AS Oui, quoique pour le frigidaire c'est difficile, parce qu'il n'y a pas de magasins à proximité. Il faut donc acheter en grande quantité.

E Mais pour la télévision?

AS Bien sûr, c'est pour ne pas faire moins que les voisins, mais aussi les grands ensembles sont souvent loin de Paris et mal desservis par les trains et les autobus. C'est presque impossible d'aller au cinéma ou au théâtre.

E Alors quand les démarcheurs* arrivent ils signent des traites?

AS Oui. Il y a des pancartes dans tous les immeubles interdisant l'entrée aux démarcheurs, mais ils viennent quand même et proposent jusqu'au paillasson. Si le mari est soudain en chômage, ils n'ont plus de quoi payer même l'électricité. Certaines familles mettent des années à s'en sortir.

E   Je vous remercie.   Je vais faire une petite enquête pour
    essayer d'étudier ces problèmes.
AS Vous avez du pain sur la planche!

II Explications

assistante sociale: visiteuse officielle qui veille à l'hygiène et
    au bien-être social des écoles, des usines et grandes
    collectivités.
H.L.M.: habitation à loyer modéré; logement construit par
    les pouvoirs publics et destiné aux personnes à revenus
    modestes et surtout aux familles nombreuses.
Sarcelles: ensemble résidentiel des environs de Paris.
passe-droits: faveurs accordées contre le droit ou contre
    l'usage ordinaire.
pistonner: (familier) appuyer la demande de quelqu'un pour
    lui faire accorder un privilège.
bidonville: agglomération de baraques où s'abritent des gens
    très pauvres. (Un *bidon* est un récipient de fer-blanc pour
    toutes sortes de liquides, mais surtout pour l'essence.)
caution: somme d'argent payée pour garantir l'exécution
    d'une obligation.
démarcheur: personne qui cherche à leur domicile des clients
    éventuels.

III Conversation. Version espacée
(*sur la bande seulement*)

IV Exercices de vocabulaire

(a) Répondez aux questions suivantes en vous servant du
vocabulaire des « explications ».

Exemple C'est la visiteuse officielle qui veille à l'hygiène et au bien-être des écoles, des usines et des grandes collectivités n'est-ce pas?
Oui, c'est l'assistante sociale.

C'est un immeuble construit par les pouvoirs publics et destiné aux familles nombreuses, n'est-ce pas?

C'est un ensemble résidentiel des environs de Paris, n'est-ce pas?

C'est une faveur accordée contre le droit, n'est-ce pas?

Il a été favorisé, n'est-ce pas?

C'est une agglomération de baraques, n'est-ce pas?

C'est une somme d'argent payée pour garantir l'exécution d'une obligation, n'est-ce pas?

C'est une personne qui vient chercher, à leur domicile, des clients éventuels, n'est-ce pas?

(b) Exprimez ces phrases d'une façon différente en vous servant du vocabulaire utilisé dans la conversation.

Exemple Il fait des études de français dans une faculté.
Il prépare une licence de français.

Il écrit un mémoire.

Il va examiner le problème.

C'est un petit réchaud avec lequel on peut faire la cuisine en cachette.

Ce sont des gens qui habitent le même étage d'un immeuble.

Il vient demander à l'assistante sociale de l'aider.

C'est beaucoup mieux.

Il a beaucoup de travail à faire.

(c) Répondez.

Exemple   Dans une maison, comment s'appelle la pièce où
on prend une douche ou un bain?
C'est la salle de bains.

on prépare les repas?

on prend les repas?

on se couche?

on s'assied le soir pour se reposer ou pour se distraire?

on garde les comestibles?

on range les affaires encombrantes dont on ne se sert plus?

V Exercices de substitution

Faites les substitutions:

A ces problèmes-là viennent s'ajouter *des problèmes financiers*.

ceux des rapatriés d'Afrique du Nord
ceux des familles qui habitaient des immeubles délabrés
    mais qui payaient un loyer minime
ceux des familles qui habitaient des bidonvilles
ceux des trains, des autobus et des distractions
ceux des dépenses initiales

Ils sont si heureux *d'avoir un toit* qu'ils croient tous leurs
    problèmes résolus.

d'avoir obtenu une licence
d'avoir terminé leurs études
de s'être adressés à l'assistante sociale
d'avoir trouvé un appartement
d'avoir enfin des voisins agréables
d'avoir trouvé un magasin près de l'appartement

Ils trouveraient bien difficile de se passer *d'un frigidaire*.

d'un mobilier élégant
d'une voiture
d'un poste de télévision
de tous les petits luxes qu'ils se permettent
de son traitement mensuel

Ils veulent des garanties pour le cas où les gens *ne payeraient pas leur loyer*.

s'endetteraient
seraient de mauvais locataires
essayeraient de trop acheter à crédit
s'en iraient sans avertir les autorités
signeraient trop de traites
laisseraient trop de travaux à effectuer

Si vous faites cela vous risquez *de vous faire mettre à la porte*.

d'habiter un appartement plutôt sordide
de passer des mois dans une chambre d'hôtel
de perdre une somme importante
de faire moins que les voisins
de trouver impossible d'aller au cinéma ou au théâtre
de mettre des années à vous en sortir

VI Exercices d'adaptation

Ajoutez au commencement de chacune des phrases suivantes
l'expression « Il se peut que » et mettez le verbe au temps
convenable du subjonctif.

Exemple   Nous sommes obligés de passer la troisième
année en France.
Il se peut que nous soyons obligés de passer la
troisième année en France.

Je choisis de faire une thèse sur la famille française.

Vous êtes déjà allé vous promener du côté de Sarcelles.

Il y a des passe-droits comme partout.

On le leur rend s'ils partent.

Nous trouvons des travaux à effectuer.